〈頻出ランク付〉
昇任試験シリーズ 5

論文試験101問

【第5次改訂版】

地方公務員昇任試験問題研究会 編

第５次改訂版にあたって

本書は，論文の勉強が初めての人，そして，どのような論文を書けば合格するのか全くわからないといった悩みをもつ人のために，主任・係長・管理職試験などの合格者の合格論文，模範論文を掲載しています。

本書に収録された合格論文を数多く読むことでどのような論文を書けば合格水準の論文になるのか，自分の論文をどう書いたらいいのか，参考にしていただければという狙いで，平成９年に初版を刊行いたしました。それ以来，４度の改訂を経て，19年目を迎えることとなりました。

そこで，このたび，デジタル化，カーボンハーフ，ウィズコロナと観光振興など一部の論文を新たに差替え，さらに，脱炭素化やコロナウイルス感染症に関する論述部分をいくつか加筆するなどして，第５次改訂版として発行することとしました。受験生の皆さんが，最新のデータに基づいて，問題の背景や各施策，展開の部分を研究して，この本の論文に手を入れていただければ幸いです。

本書の特徴としては，次のような点が挙げられます。

○東京都及び東京23特別区などで実際に出題された昇任試験問題をもとに合格者に再現してもらった論文や，予想問題をもとに合格直前に書きあげた論文を掲載したものです。

○101問の中で，主任試験，係長試験，管理職試験の論文を併せて掲載しています。また，職場管理の問題と自治体政策の問題とに分けて掲載しています。

○３ランクで出題頻度が示してあります。★★★は頻繁に出題される問題です。また，論文の出来のよいものの順に のマークで評価をしていますが， であっても受験者のレベル，競争率等によって十分合格となるものを収録しています。

○各論文には，“採点者の目”として，当研究会の論文に対する批評をコメントしています。皆さんが論文を読んだ後に，自分の印象と比較してみてください。

○各論文は，それぞれの自治体の職員が各自治体の立場を意識して書かれていたので，具体的な自治体名が原稿には入っていました。このため，一部普遍的な名称に書き替えた部分があります。例えば，Ａ市を○市，Ａ県政を○県政などに書き替えています。皆さんが本書の論文を参考にする際は，自分の自治体名に置き換えて読むと元の論文に戻って，文章としての迫力が増しますので，そのように読み替えてください。

受験者各位が本書をフルに活用し，栄冠を勝ち取られることを期待しています。

令和５年５月

地方公務員昇任試験問題研究会

合格論文を書くために

初級者コース

1　本書は，合格論文，模範論文を集めたもので，初級者には大変参考になります。なぜかといえば，問題点と解決策，結び，背景は，それぞれ自分が論文を書くときのパーツとして使えるものだからです。

特に職場管理の問題は，それぞれ合わせると直ぐに合格レベルの論文になってしまうからです。すぐ何本か論文を作ってみてください。

2　一方，自治体政策ものは，管理ものと同様にも使えます。しかし，範囲が広いので論文のパーツが共通で使えるものを用意するのも一つです。例えば対住民関係の項目や職員の取り組みなどで用意しておくと，福祉やまちづくりなど幅広い出題に対応できるでしょう。

一つのテーマで課題，解決策それぞれ三つうちの一つでも事前に用意できていれば，かなり楽です。

3　また，初級者コースの最後の極意の二段目，三段目の切り口を書けるように，習慣づけるといいと思います。どのように書くか途方に暮れる問題もあります。これに対してもある程度書けるようになります。

4　次に，一般的注意点について挙げてみます。重要度を星で示しています。

★論文を書くパターンを身に付ける

最初はどのように論文を書くか見当もつかないと思いますので，一番簡単なパターンを身に付けてください。

①四段構成　　字数が2000字以上になると初学者は何を書いてよいのかわからなくなってしまうことが多く四段構成がベターです。

一段目	課題の背景	字数は15％位
二段目	問題点　三点	〃　35％位
三段目	解決策　三点	〃　35％位
四段目	結び	〃　15％位

字数配分は，問題によっても異なると思います。

②**三段構成**　主任・係長論文などで字数が1000字から1500字程度であれば三段構成の方が適当です。

一段目	序論	字数は20％位
二段目	本論　問題点・解決策各三点	字数は65％位
三段目	結び	字数は15％位

★良い論文のマネをすること

最初は，何が良い論文かわからないことが多いものです。本書はこのために参考になる論文を掲載しました。なぜ良いのかよく読んでみること。その時，皆さんは職員の視点で読まれると思いますが，極力，採点者の視点で読むこと。この採点者の視点で読むことこそが一番困難な点です。これがクリアーできれば水準以上の論文を書く前提ができます。

特に四段構成の場合は一段目，四段目。三段構成の場合は一段目，三段目は，最初はマネをして書いてみてください。

★「教科書」的「評論家」的な書き方でなく，当事者意識をもっていきいきとした文章を書くこと

初学者が書くと知らないうちに「教科書」的「評論家」的な文章になっています。それにまったく気が付きません。他人に指摘され初めて気が付きます。また，指摘されてもなかなか本人が納得しないことも多いのが現実のようです。この点で，同僚に見てもらうより先輩，上司に論文を見てもらう方が良いと思います。

また，当事者意識は最初はなかなか身に付かないのがほとんどです。主任の立場，課長の立場になって書くことが求められるのですが，書き手本人が現実にその立場に今いないのですから，実際はこの当事者意識で書くことはかなり困難なことかもしれません。

具体的には「…すべきである」という表現よりも「…したい」「…する」などの表現の方が評論家的ではなく，当事者意識を示すので参考にしてください。

★★新鮮な文章を書くこと

採点者は場合によってですが，多い場合100本位の論文の採点をすることがあります。問題が同じですからほとんどの論文に差がないのが実際です。その中で一定のランク以上のものを書くには良い論文のマネをするのが早道です。マネをしながら一定の水準にまで論文が書けるようになったら，次はいきいきとした新鮮な話題や自分の体験談，人生観がにじみ出たような論文が書ければ最高です。採点者は，数多くの論文の中で一歩抜きんでたものがあると新鮮な印象をもって受けとめてくれて，点数が上ると思います。

論文は鮮度が命です。今の経済情勢や庁内情勢などの流れを踏まえて書くと良いと思います。

★★書き出しを工夫する

初学者はマネをすることからスタートして，一定の水準になったら新鮮な文章を心がけてください。直近の世論調査や各種経済指標などを問題の背景（一段目）として，書き出しに書くのも一つだと思います。

★文章はできるだけ簡単に

センテンスの長い文章は途中で何を言っているのかわからなくなることが多いので，採点者に対してはマイナスです。採点者は意味がわからなくても読み返しはしないと思ってよいでしょう。採点者に対し，わかりやすくするために簡単な文章は必要な条件です。

★丸暗記はしない

丸暗記した文章は採点者を感動させることは決してありません。臨場感のある文章は，最高得点論文の常と言ってよいでしょう。ただし，問題の背景，結びの部分はどのような問題も共通項があり，ある程度暗記は必要です。また，予想される問題の問題点，解決策は整理して記憶するのは当然のことです。

★★他人に読んでもらう

読み手を意識するための最初の手段と言ってよいと思います。謙虚に聞く耳を持つか否かが良い論文を書けるか否かの分かれ道になります。また，できるなら複数の人に見てもらってください。複数の人から指摘されたことは，かなり問題があるということですから，要チェックと言えます。

★材料集めが重要

論文の新鮮さをアピールするためには必ず必要です。問題点，解決策を示すのにもかかせません。調査結果や各種のデータはメモをして整理し，論文の材料にしてください。材料集めについては，何人かで集めたり，レジュメ作りするのも有効な手段です。

★★時間を決めて書いてみる

ほとんどの試験は会場方式ですから，時間を決めて書く訓練は必要不可欠です。特に受験直前は何度かやらなければならないと思います。短時間で問題の背景や問題点を整理するのは慣れが必要です。

★制限字数を有効に使う

論文の一定レベルの水準を保つには制限字数を有効に使わざるを得

ません。制限字数は少なすぎると（概ね60～70％以下）減点対象になることがあります。反対に，制限字数を超えた論文は，一般に冗長な部分や繰り返しがあったりして迫力に欠ける文章が多く，良い論文でないことが多いようです。

★★★字は丁寧に

率直に言って字のきれいな人の論文は何点かプラスになるでしょう。論文を通してその人を評価するわけですから，やむをえない一面だと思います。そのためにも丁寧な字を書くよう心がけてください。よくワープロ入力で論文を練習する方がいますが，文章を推敲し早く仕上げるには良い方法ですが，試験対策としてはマイナスです。手書きの訓練を早くされるべきです。

★★★最後にどんな問題に対しても書ける極意を

四段構成の論文を例に，それぞれの段で書くべきことを次のように考えることです。

一段目　テーマの社会情勢の中での現状，行政（都・県政，市政）がそれに積極的に取り組む姿勢を示すことを強く求められていること。

二段目　テーマの対象者の切実な願い，要求をその人の身になって書く。

1．モノ（施設）のサービスの不足の現状
2．カネ（給付）のサービスの不足の現状
3．ヒト（制度）のサービスの不足の現状
4．情報のサービス（ネットワーク）の不足の現状

三段目　二段目のヒト，モノ，カネ，情報それぞれを充実する具体策（都・県・市の）

四段目　1．三段目でもまだ不足だから将来はもっとこのように，さらに充実していくという方策

2．私の組織の一員としてのささやかな努力の方策

一段目から四段目の考え方で書けるように訓練すると，初めて見た問題でも大丈夫です。

中級・上級者コース

ある程度，論文を書いている方で合格論文でも上位をめざす，あるいは，どんな政策もののテーマが出ても書けるための方法です。

1　初級者コースの最後に，四段構成の書き方の極意がありますが，その中でも2段目と3段目がとても重要です。予想していないテーマでも実はこれができるとなんでも対応できます。書けるように練習してみてください。

2　試験前，2か月くらいでしょうか。職場管理ものの論文は2本くらい，自治体政策ものは過去問を調べて予想をたて3本くらい作らないと準備不足です。その際，この本の論文のパーツを活用できます。自分で味付けして，問題点と解決策，結び，背景を選択しておきます。政策ものは，範囲が広いので三本だけではきついのですが，力のある方は，さらに何本か用意してみてください。その時，用意してないテーマは，上の1の極意で対応してください。かなりできると思いますよ。

3　大事なことは，試験時間に合わせて練習することです。特に大事なことは，字のうまくない人は，特に丁寧に書くことです。

採点者は，50本から100本同じテーマの論文を読みます。読みやすい字は必須といってよいでしょう。だいたい数分しか読む時間をかけません。読み返すことは，あまりありません。そのことを考えながら書くことです。

4　書き出し，結びは，よく練り上げてどんな論文でも書けるようなものを作り上げておくことです。それが時間の節約になりますし丁寧に書く助けになります。

5　新鮮な文章は，論文の命かもしれません。常に情報収集して，新

鮮な話題，新鮮な切り口を用意することです。同じテーマの論文を採点者がたくさん読んでいるとそれが得点をゲットすることになります。

6　以上のことは，本来，書き手の人柄，人物を見極めて伝えるものです。自身の人間も磨くことも重要ですよ。

論文試験101問・目次

★★★，★★，★……頻度順の星印

職場管理(主任・係長試験)

職場管理（管理職試験）

自治体政策（主任・係長試験）

自治体政策（管理職試験）

頻出ランク付・昇任試験シリーズ5

論文試験101問

Q 1 職場の活性化

★★★

1. 今，職場の活性化を

今日，市民の価値観や生活観は多様化し，おのおののライフスタイルを大事にする時代となった。さらに住民意識の高揚ともあいまって，○市民の市政に寄せる要望も増大し，質的にも複雑・多様化かつ高度化してきている。

限られた財源でこれらの要望に応えるためには，より効率的な市政運営を展開することが要請される。その基盤として，職場を活性化し，○市の力量を増大させることが私たちに課せられた喫緊の課題となっている。

2. 経験をもとに，まず実践

活性化した職場を作るためには，次のことが肝要である。

第一に，より良いコミュニケーションの確保である。私の係は５人構成であるがために，職務上の情報がなにげない日常会話の中で交換され，とかく曖昧になりがちである。主任として私は，現状，問題点，解決策等を常に整理・把握し，上司や関係職員に伝えることを率先して実行したい。また，情報交流の場を定期的にもち，双方向の伝達を促すことも大切である。

第二に良好なチームワークの確保である。職員相互の理解と連携を深めることにより，相乗効果が生まれ，効率的に目標を達成できる。現在，我が係では，法改正に伴う懸案事項を検討中である。一事業を係全員で考え，討議していくその過程が，係の一体感を創り出していくと私は考える。

第三に自分自身の資質の向上である。私は市民のニーズを先取りする時代感覚，技術革新に対応できる柔軟な頭脳・知識を備えるよう，今後とも努力を怠らない。○市職員６千人の健診事務を担う私は，今，健診票を電子チェック化し，定期健診をベースに他の健診結果を

> 採点者の目：主任の役割がきちんと整理されています。現在の仕事を踏まえて主任として何をするか，力強く書かれています。

集積し，系統だった健康管理が行えるよう，健診機関と検討を重ねている。私はこのように職務に創意と工夫を加えるとともに，系統的な職場内研修（オン・ザ・ジョブ・トレーニング）を実施し，職場全体のパワーアップを図っていく。

3.　輝ける自治体の未来のために

現在○市は，20XX 年の「長期基本計画」の実現に向けて心血を注いでいる。

その自治体の職員の一人として，私は，常に自己研鑽に励み，日々の職務の中で持てる意欲と能力を最大限に発揮するとともに，主任としての役割を十分自覚し，職場の活性化に積極的に取り組む覚悟である。

Q 2 職場の活性化

★★★

1. 求められる職場の活性化

今日，社会の高度情報化や超高齢化が進む中で，住民の価値観も多様化し，行政への要望も多様化や膨大化を見せている。私の勤務する障害者の生活訓練施設でも，利用者の高齢化や障害の重度・重複化が進み，それに伴って必要とされる福祉サービスも，複雑，個別化する傾向にある。このような福祉ニーズの変化に的確に対処するためには，行政の効率化，特に職場の活性化が強く求められている。

2. 福祉職場の課題

私は福祉施設の管理係員として，予算の執行や職場の環境整備の面から，施設の福祉の充実に努力している。一方，利用者の家族からは，施設での健康管理の充実や日々の処遇，あるいは行事の拡充等を求める切実な声が寄せられてくる。職員も，利用者を思うあまり，あれもやりたい，これもやりたいと事業を広げすぎ，予算を突出して執行してしまうという問題も起きてくる。

そのため限られた予算の中で，障害者が社会的自立のために必要な訓練を受け，毎日の生活を楽しく送るためには，どの事業を優先させていくべきかが，私の職場における最も大きな課題の一つとなっている。

3. 多様な福祉ニーズに応える方策

私は主任主事として以上の問題点を克服し，さまざまな福祉ニーズに対処するためには，職場の活性化が不可欠と考え，次の３点を実践する。

第一点は，コミュニケーションの活発化である。どの事業を優先させるべきか，職場のコンセンサスが得られるよう，同僚，上司と十分に意思の疎通を図る。また，利用者自身や家族にも限られた予算の中で，希望するすべての事業を実施することはできないことを説明し，

採点者の目：全体にわかりやすい表現でまとまっています。今の職場の問題に触れた，現実に即した論文です。

その理解を求める。

第二に，業務の効率は良好なチームワークから生まれる，と信じるので，私は主任として，係員の業務に関するすべての相談にのり，適切な助言を与え，係の業務が円滑に執行されるよう心がける。また業務のムダを省き片寄りがある場合は係長に提言し，是正する。

第三に，私自身，日常業務を通じて絶えず研鑽を重ね，時代の変化を鋭く読みとり，住民ニーズの変化に即応しうる能力を涵養する。また，仕事に対する情熱をみなぎらせ，何事においても率先垂範し他の係員の手本となるよう努力する。さらに獲得した技術や情報を他の係員に提供し，職場全体のモラールの向上を図る。

4.　住民の信頼の確保は誠意から

以上のとおり，私の職場では予算の効率的執行と職場の活性化など厳しい内部努力が求められている。しかし，厳しいだけで多様な価値観や生活観を持つ○市民の真の理解と信頼が得られるものではない。私は毎日の業務の遂行にあたっては，施設の利用者や保護者など○市民一人ひとりに対して常に笑顔と心からの誠意をもって接し，住民の行政への信頼の確保に全力を傾注する覚悟である。

Q 3 職場の活性化と主任（係長）の役割

★★★

1. 生き生きとした職場の必要性

人口の超高齢化や，少子化など，社会をとりまく状況は刻々変化し，○市に寄せる住民の期待は，さらに高まっている。今，住民が求めている行政サービスは何なのかを的確に把握し，それを実現していくことが，今日的行政の務めである。限られた財源と権限の中で，効率的行政を実現するには，なによりも職員一人ひとりが，前向きに職務に取り組むこと，職場の活性化が必要である。

2. 職場を活性化する方策

私は，生き生きとした職場とするために，主任（係長）として，次の4点が重要と考える。

(1) 連絡調整機能の充実

係員間の意思疎通が図られるよう上司の指示・命令を伝達周知し，また，係員からの質問や意見を課長や係長に的確に報告する。他部局と関連のある内容については，積極的に出向き，行政組織内部の連絡調整に努める。また，係全体として，事務の流れや，事務配分を常に点検し，ムリやムダを排除するよう努める。必要があれば，職場会の開催などを係長に進言し，係内の意思統一を図る。

(2) 業務内容の再点検

今日行っている業務が真に住民が必要としているものかを検討し，係全体として，チェックしなければならない。住民に喜ばれるサービスを提供してこそ仕事のやりがいを実感し，職場は活性化するからである。私は主任（係長）として住民ニーズの動向を把握し，前例踏襲主義に陥ることなく，不用な仕事は思いきって廃止するなど率先して事務改善に取り組む。

(3) 係長（課長）の補佐に努める

係としての意思決定をする場合，係長（課長）の的確な判断資料を

採点者の目：項目を４つに分けたのが，全体にわかりやすくなった一方，文章の流れが切れて力強さが若干うすれています。

提供すべく，係員の意見や係内の状況を報告・進言し，包括的に補佐するよう努める。

(4) モラルの向上に努める

主任（係長）として，職務に関する知識・情報を収集し，自己啓発に努め，これらを係員に積極的に提供し，職員が自己啓発しようとする機会をつくる。

3. できることから実践する

住民の高齢化や社会の国際化がますます進み，住民の要望はさらに多様化することが予想される。克服すべき課題は多く，職員に課せられた責任は重い。私は主任（係長）として，解決可能な課題から一つひとつ取り組んでいく覚悟である。それが住民福祉の向上につながる最短距離と信じる。

Q 4 職場の活性化と主任(係長)の役割

★★★

1. 求められる職場の活性化

今日,社会の急速な情報通信化や超高齢化が進む中で,住民の生活意識や価値観は多様化し,行政への要望も,量的増大と質的な複雑・多様化を見せている。

一方,好調な経済状況の中でも税収の確保は予断を許さず,今後の行政のニーズの変化に的確に対処するには行政運営の効率化が強く望まれている。そして,この効率化を達成するために,行政組織を簡素・合理化することと,各職場を活性化させることが,不可欠の前提条件となっている。

2. 活力ある職場づくりの方策

良好な人間関係や,活力ある職場づくりのために,主任(係長)が果たすべき役割として,以下の点が重要であると考える。

(1) 情報を的確に処理し,コミュニケーションの活発化を図る

主任(係長)として,係の現状,問題点,解決策等について常に係長(課長)に報告し,解決策の協議をする中で,係長(課長)の意思決定の補助をしていく。

また,上司から指示や命令等が出された場合,主任(係長)として,迅速にこれを関係職員に伝達する。また,必要があれば,係長(課長)に職場会議の提案をし,係員全員で対策を協議したい。

そして,係の業務を推進する中心的職員として,他の課や係との対外的な連絡・調整に積極的でありたい。

(2) 良好なチームワーク作り

業務の能率は,良好なチームワークから生まれる。そのために経験豊かな職員として係員の相談に乗り,業務が適切に執行されるよう,アドバイスを行う。また,係の業務に心を配り,ムダな業務を省き,分担に片寄りがある場合には,係長(課長)に提言し,是正する。

> 採点者の目：まとまっています。景気の記述は常に新しい状況で書かないといけません。

⑶　たえず業務の見直しを行う

主任（係長）として日常的に社会の様々な情報を吸収し，時代の変化を感じ取る鋭敏な感覚を養っていく。そして，高度な専門的知識を持ち，たえず業務の見直しを行う。この結果，優先順位が落ちると判断された業務については，住民のためにも，思い切って廃止すべきことを提言したい。

3．職場の活性化に地道な努力を

全職場の活性化は，行政の大きな目標の一つである。私は主任（係長）として，これまで述べてきた方策を少しずつでも地道に実践し，職場の活性化に努力したい。

Q 5 職場の活性化と主任（係長）の役割

★★★

1. 活力ある職場づくりの必要性

地方の時代の到来が叫ばれて以来，自治体に寄せられる関心はますます高まっている。また，人口の高齢化が進み，生活の質的豊かさへの模索が強まるなか，福祉やまちづくりをはじめ，○市の行政施策には，住民の多様で高度な要求が寄せられている。

一方では，地方自治体の給与・退職金などに向けられる住民の目もますますその厳しさを増している。こうしたなかで，○市が住民の信頼を得るためには，行政の効率化が必要となる。そして効率的な行政を進める前提として，活力ある職場づくりが重要な課題となっている。

2. 活力ある職場づくりのための方策

職場が生き生きするためには，一人ひとりの職員が充実した仕事に取り組むことが前提になる。私は主任（係長）の役割として2つのモラール・アップを図り，組織的に模索していかなければならないと思う。

まず第一には，組織にムダはないかを点検し，改善することである。役所の仕事は，係を構成単位に組織によって進められていることはいうまでもない。組織全体が有機的に統合・調整され，総合力を十分発揮し得るシステムにしなければならない。具体的には，主任（係長）として係長（課長）を補佐し，係内打合せ，連絡調整し，仕事の流れのムダを排除し，人員の配置，事務分担の見直しを進言し，組織が効率的に回転するように努めたい。

第二には，個人のモラール・アップを図る。給与・任用面の工夫等を通して職場に働く職員が仕事を進める意欲と高い能力の向上を図らなければならない。主任職（係長職）の役割として，係内の提案制度実施による事務改善を図り，職員の参加意欲の喚起を図ると同時に，

採点者の目：わかりやすい文章です。ただし，職場研修の実施は課長，係長の権限と思われるので注意。

自己研修だけでなく，仕事を実践しながら職場研修を実施し，職員の意欲の向上を図る。

第三には，住民の行政需要に対応する職場でなければ活力は生まれてこない。住民の要求に適切に応えているという自信が，仕事への充実感を図ることができるのである。公務員の仕事は前例踏襲に流れがちであり，常に住民のニーズ，動向を正確に把握し，新しい仕事に挑戦する活力ある職場にしたい。

第四には，係長（課長）を補佐し，係員との調整をはかり，チームワークづくりをする。係長（課長）に，係員の意見をよく聞きながら，事務の再配分，見直し，事務改善等について進言すると同時に，ミーティング等の打合せにより相互調整の機会を提供し，インフォーマルな交流を促進し，よいチームワークづくりをするようにしたい。

3.　小さな実践の積み重ね

活力ある職場づくりの必要性は，誰もが納得できるものである。しかし，職場の活性化が問われているということは，それだけ沈滞化している職場が多いことの証明である。

私は職員として何ができるか，何をすべきか考え，それが小さなものであっても実践する。この積み重ねが大事であり，主任職（係長職）として，常に自己の検証をし，これが職場全体に拡がるようにしたい。

Q 6 職場の活性化と係長の役割

★★★

1. 活力ある職場の必要性

今日，行政をとり巻く社会情報は，超高齢化，国際化，高度情報通信化の進展などにより急激に変化している。また，住民の価値観や生活様式も多様化し，行政に対する要望も複雑，多岐にわたってきている。

こうしたなかで，住民福祉の向上という多彩な課題をかかえた我々には，新しい住民ニーズに的確に応えられる，機動的で効率的な組織運営が，まず求められる。それを実現するためには，各職場を活性化させていくことが重要な課題となっている。

2. 活力ある職場づくりの方策

活力ある職場を実現するためには，係長の役割として次の４点が重要であると考える。

まず第一に，組織の成員間で情報を共有するよう努めることである。今日の動きの速い社会経済状況のなかで，係の業務を円滑に遂行するには，的確な情報の管理と良好なコミュニケーションが不可欠である。そのため，私は，まず上司に係の業務の執行状況を適宜報告し，また，問題が生じた時は，その背景や解決策などについて，時期を失することなく十分に報告する。一方，上司からの命令や指示，関連情報は，必ず係員全員に伝達する。そのための場として定例の職場会，勉強会のほか，必要に応じ臨時職場会を設営し，情報の徹底と共有化を図る。さらに，係の業務を円滑に推進するためには他の係や課との連絡を密にすることも不可欠であるので，私は，この対外的連絡調整にも積極的に取り組む。

第二に，係内に良好なチームワークを育てるよう努めることである。

業務の能率は良好なチームワークから生まれる。そのため，私は係員の意見を尊重しつつ，係の担当業務を係員間に適切に配分・分担させ係員相互が有機的に連携できるよう努める。また，係内には，自由

> 採点者の目：係長の役割がきちんと表現され，受験者の力量が文章中に示されているようです。

に意見が発言できる雰囲気を作り，係員全員に私を中心とする一体感が生まれるよう，常に心掛ける。

第三に，業務の流れを新たな視点から，常に見直すよう努めることである。

ともすると我々の仕事は，前例踏襲になりがちで，マンネリズムに陥りやすい。これを避けるためには，絶えず社会情勢の変動に注意し，住民ニーズの変化を敏感にキャッチし，業務の内容，執行方法などを見直していく必要がある。そのために私は，業務と関連した法令，規則等のほか，新聞，インターネット，テレビ，雑誌，ＳＮＳ等から日々情報を収集し，社会の変化を業務に反映させていく。そして，さらに係員にもその情報を提供して，係員と一緒になって問題解決に努める。

第四に，係長は自らの自己啓発に努めるとともに，係員に対しても自己啓発への動機づけを行うことである。

業務の遂行にあたっては，多分に問題点や課題が生じることがある。その機会をとらえて，私は，職場研修（オン・ザ・ジョブ・トレーニング）を実施する。日常業務を通した地道な指導の積み重ねが，係員の能力向上と自己啓発の動機づけに結びついていくと私は信じている。

3.　毎日の積み重ねが大切

職場の活性化は，職員自身の高いモラールをベースとし，良好なコミュニケーションのもと，組織目標へ向かってつき進むよきリーダーがいてこそ，達成できるものである。私は係長として，このことを常に自覚し，生き生きとした職場の実現に取り組みたい。しかし，「ローマは一日にしてならず」の諺どおり，日々の積み重ねが最も大切である。私は，職場で常に係長としてのリーダーシップを発揮し係員の協働態勢を強化して，住民に信頼される住民本位の行政に向けて，職場の健全かつ円滑な運営に努力していく覚悟である。

Q 7 職場の活性化と主任の役割

★★★

1. 求められる職場の活性化

今日，社会の成熟化は確実に進行し、一人ひとりの個性や創造性が尊重されるようになった。さらに，高度情報化，ＮＰＯ・ボランティア活動の活発化等，社会の潮流が人々の地域社会への意識を高揚させ，同時に○市政へ寄せる要望，期待は増大し，質的に多様化かつ高度化してきている。限られた財源でこれらの要望に応えるためには，より効率的な市政運営を展開することが要請される。その基盤として職場を活性化させ，市の力量を増大させることが，私たちに課せられた喫緊の課題となっている。

2. 経験をもとに，まず実践

第一により良いコミュニケーションを確保する。職務上の情報がなにげない日常会話の中で交換され，とかく曖昧になりがちである。

主任として私は，現状，問題点，解決策を常に整理把握し，上司や関係職員に伝えることを率先して行う。また，職場会議など，情報交流の場を定期的に持ち，双方向の伝達を促すことも，大切である。そして，体系化されている他の部署との調整役も，積極的に引き受ける。

第二に良好なチームワークの形成である。職員の相互の理解と連携を深めることにより相乗効果が生まれ，効率的に職務を遂行できる。我が係では，文書システムの稼動に向け全力を尽くしているが，このような業務転換期には，この組織力が重要であり，高いモチベーション達成の大きな原動力となる。

第三に自分自身の資質の向上である。

私は○市民のニーズを先取りする時代感覚，技術革新に対応できる，柔軟な頭脳，知識を備えられるよう，今後とも努力を怠らない。

職員提案コンクールに積極的に応募するなど，常に改革意識を持っ

採点者の目：主任論文は主任の目線で書くことが重要で，ここでは それができています。

て，取り組む。そして，創意と工夫を加えるとともに，系統的なOJTを実施し，職場全体のパワーアップを図っていく。

3. 自立した自治体になるために

現在，○市は20XX年を想定した基本構想の実現に心血を注いできた。しかし，時代の流れはさらに大きな地方分権・地方創生という重大な変革期に突入している。

私はこの機に市の職場の一人として一翼を担えるよう，自己研鑽に励み，日々の職務に持てる意欲と能力を最大限に発揮するとともに活性化に積極的に取り組む覚悟である。

Q 8 良好なチームワークと係長の役割

★★

1. チームワークこそ活力の源泉

今日，住民の価値観は多様化し，行政に対する要望も複雑多岐にわたっている。厳しい財政状況のもとで，行政がこれらに的確に対応していくためには，新しい課題に積極的に挑戦する職場形成が欠かせない。職場の活性化を図り，行政運営の効率化を強力に推進していくことが，今，行政に求められている。これらを実現していくためには，仕事を迅速かつ円滑に推進するチームワークの形成が不可欠である。厳しい状況であればこそ良好なチームワークの形成が必要なのである。

2. 互いを理解し合う職場づくりを

係は住民と行政の接点であり，その係には様々な性格，価値観，考え方を持った個人が住民福祉向上のために従事している。係長はこの係を一つにまとめ，これまでにも増して職員が結束して仕事にあたれるよう，組織運営していくことがきわめて重要である。このため私は係長として，良好なチームワークの形成に向けて次のように係を運営していきたい。

第一に，係の目標を職員全員に理解し，納得してもらうことである。日常の仕事は定例的，画一的なものが多い。仕事の位置づけや係の目的が明確にされていなければ，ともするとマンネリズムを生み，単調な毎日となりがちで，仕事をチームで行っているという認識は職員に失われがちである。そこで係長は意欲を前面に出し，係の目標を示し，職員参加による計画化を進める。また，職員会議や朝の打ち合わせ会を定例化し，○市の課題や社会経済状況の話題を提供し，それらと係の仕事との関係を話し合うことにより，職員の視野を広げ，問題意識を高めていくことが大切である。

第二に，職員の係内での役割を明確にし，他の職員との仕事上の関

> 採点者の目：良い出来です。わかりやすい文章の中に係長としての職責を果たせる人物が見えてくる気がします。

連を正しく認識させることである。職務配分や仕事のローテーションが適正でないと職員に不満が出，他の職員の立場を考えず，自分本位の仕事になりがちである。そこで係長は，本人の希望に配慮しながら性格や能力を把握して，仕事の割当てを適正に行い，責任を持たせると共に職員間の協力関係を深めさせていくことが重要である。また，係長は職員が多くの仕事を経験することにより，行政に精通するよう必要に応じて職務の交替をルール化しておくことも大切である。役割に応じた責任体制を明確にしていくことが係内の信頼関係を育て，職員の自覚を高める。

第三に，明るい職場づくりに努めることである。適切に情報が伝わらないために，言った，聞いていない，といった認識のずれが生じることがある。また，ちょっとした言葉の行き違いから感情的なしこりや不信感が生じたりする。これでは職場のムードは陰湿で，職員はとても頑張ろうという気持ちにはなれない。係長は，職員が正確適切に情報提供や報告を行うよう，あらゆる機会を通してその方法や技術を教えていくことが必要である。常に相手の立場で物事を考え行動できるよう，上司や住民との対応の現場で，また職場会議などの運営の場で手本を示していくことが大切である。

3.　職員の模範としての係長に

組織の盛衰は組織構成員一人ひとりにかかっている。係長が組織を活性化させ，効率的に運営していくことで，市民生活の向上が図られていく。係長の市民生活向上に向けた熱き心や職員に対しての深い思いが，係での良好なチームワークを形成していくのである。私は，日々自己啓発に努め，職員の模範となると共に，係長としてのリーダーシップを発揮し，課長の良き補佐役に徹し，良好なチームワークを形成するために頑張る決意である。

Q 9 職場のコミュニケーションと係長の役割

★★★

1. 求められる組織の活性化

今日，住民の価値観は多様化し，行政に対する要望も複雑多岐にわたっている。厳しい財政状況のもとで，行政がこれらに的確に対応していくためには，新しい課題に積極的に挑戦する職場形成が欠かせない。職場の活性化を図り，行政運営の効率化を強力に推進していくことが，今，行政に求められている。これらを実現していくためには，組織運営に不可欠なコミュニケーションを，これまで以上に活発にするよう努めなければならない。

2. コミュニケーションの円滑化に向けて

組織の一体化を図り，係が組織目標を達成していくためには，職員の職務意欲の向上を図る円滑なコミュニケーション態勢が構築されなければならない。

第一に，ツーウェイコミュニケーションのシステムづくりが不可欠である。情報伝達の方法が徹底されていないため，誤解や事務処理の遅れなどが生じることがある。このようなことを解消するには，職場会議の定例化や朝の打ち合せ会を行うなどして一方的な伝達ではなく，相手との意思交流による情報の共有化を図る必要がある。知らされれば知らせるのが人と人との関係である。係長自身が進んで材料を提供し，コミュニケーションを誘発することが，やがて職場全体に対話の相互誘発をもたらすのである。

第二に，職員へのモチベーションを高めることである。コミュニケーションは，目的達成のため職場の人間関係を良くし組織のまとまりを強めるために不可欠な手段である。しかし，単なる仲良しクラブでは組織の活力を維持し向上させることは難しい。係長は，職員がこれらを正しく認識できるよう，日常からの働きかけと指導が欠かせない。係長は職員に重要な仕事をまかせたり権限を持たせるなどの体験

採点者の目：係長の役割を良く理解し，係のコミュニケーションの必要性が的確に表現されています。

をさせることを通してコミュニケーションの重要性を認識させることが大切である。また，職員が仕事に対する不安を抱えている場合には適切な助言や援助を行い，職員に自信を持たせる積極的な行動が必要である。このことにより職員は仕事への理解や認識を深め，真に必要なコミュニケーションの大切さを身につけるのである。

第三に，明るい職場づくりに努めることである。単調で定例的・画一的な日常の仕事の中で，職員はともすればマンネリズムに陥りやすい。コミュニケーションを必要としない沈滞した職場が生じかねない。係長は意欲を前面に出し，職員参加で係の目標を示し，計画化を進め組織目的の共有化を図る。それを通してコミュニケーションを誘導し，組織を活性化させていく。それには係長が，自ら職員の中に溶け込む努力が欠かせない。職員の状況や職務上の問題点を把握して，必要に応じて職員の立場に立って問題をとらえ，共に取り組んでいくという姿勢を示すことが大切である。このことが，ひいては係長に対する職員の信頼を深め，明るい職場形成につながるのである。

3.　活力ある職場はコミュニケーションから

職場での前向きな仕事に対する自由な意見交換と活発な討論の中で，職員は組織目標への理解と認識を深め，仕事への情熱を燃やすことができる。係長の職場におけるコミュニケーションの円滑化と明るい職場形成のもとで職員が育ち，創造的な行政の推進が図られていくのである。そのために係長は職員の模範として幅広い知識と豊かな感性を身につけ，度量を広げていく不断の努力が欠かせない。私は，活力ある職場を創造するため，係のコミュニケーションの円滑化に全力を尽くす決意である。

Q 10 改革意識の高い職場づくりの重要性

★★★

1. 改革意識の高い職場

今日，急速な社会の情報通信化や超高齢化が進む中で，住民の生活意識や価値観は多様化し，行政への要望も，量的増大と質的な複雑化・多様化を見せている。

一方，好調な経済状況の中でも税収は予断を許す状況ではなく，今後の行政ニーズに的確に対処するには改革意識の高い職場づくりが強く求められている。限られた人員，予算の中で，解決困難な懸案事項に積極的に取り組み，懸案解決ができるか否かは，職場の改革意識の高さにかかっている。

2. 改革意識を高めるための取り組み

長年にわたり解決されていない懸案解決のために，次のような取り組みを行う。

第一に，なんでも話し合える風通しのよい職場風土を築くことである。職員が発言しにくかったり，課題を職員相互で掘り下げないことが習慣化すると，職務遂行への職員の士気は低下してしまう。そこで，事務連絡会を定期的に開催する。ここでは，担当職務に限定せずに職員が持ち回りで問題提起する。この場で出た結論については，担当部門で再検討して実施の最終判断をする。

第二に，住民感覚を大切にして職務にあたる職場づくりに努める。窓口相談や地域行事等あらゆる機会を通じ，住民の生の声に積極的に耳を傾けるよう職員を指導する。その上で，担当業務の目標をふまえた事業遂行計画を立てさせ，集約・分析した住民の声の中から課題を発掘する。職員の報告や相談を受けた時を捉え，随時，適切にアドバイスをし，職員自ら課題解決しうる支援を行う。さらに，事業終了後は，必ず見直しを職員と共に行い，次期事業計画へのフィードバックをする。計画・遂行・評価・改善の奨励が，改革意識の高い職場づく

採点者の目：係長の立場，主任の立場それぞれ違いますので，それを意識して書き分ける必要があります。

りに重要である。

第三に，職員の柔軟な発想と創造力の開発である。前例や慣習に従い，仕事を無難に進めようとする職員は多い。しかし，改革意識の高い職場づくりには，前例のない仕事をチャレンジ精神と創造力を持ち，進めていかなければならない。そこで私は，職員一人ひとりの能力や経験等を見極め，個別に職員の能力育成のための指導計画を立てる。時には，困難な課題を職員に任せたり，事業計画の段階から職員を参画させる。また，職員の提案や発想を十分に生かし，職務に取り入れることで，職員の意欲と潜在能力を引き出す。そして，重要な職務や新たな課題をやり遂げた時の達成感や自信こそが，改革意識の高い職場づくりにつながる。

3．高い改革意識なくして市政改革はない

激動の時代，一人の百歩前進よりも，百人の一歩前進こそが，組織のパワーアップにつながる。その鍵は，職員のリーダーシップにある。私は，職員が本領発揮しうるよう不断の努力を続けたい。そして，管理者の良き補佐役として，改革意識の高い職場づくりに邁進したい。

Q 11 新たな課題に対して柔軟に取り組むことの重要性

★★★

1. 求められる住民ニーズへの対応

今日，住民の価値観は多様化し，行政に対する要望も複雑多岐にわたっている。好調な経済状況の中でも景気の先行きは予断を許さない。このような厳しい財政運営が見込まれる状況で，行政がこれらに的確に対応するためには，住民の新しいニーズに積極的に挑戦していける職場づくりが必要である。その実現のためには，新たな課題に対して柔軟に取り組むことが重要である。厳しい状況であればこそ，柔軟な取り組みが必要なのである。

2. 新たな課題に柔軟に対応できる職場づくり

職場改革を進め，新たな課題に柔軟に対応するためには，私は職場で次の三点を率先していく。

第一に，事務事業を遂行していく組織の良好なチームワークを確立する。1＋1＝2以上の力を発揮していくためには係員間の共同・補完・連携の関係が必要となる。このため，定期的に係会を開催し，それぞれの分担事務の課題を進捗させるなどの機会を確保する。さらに，この結果を生かし，進捗状況に応じて適時係員の仕事の割り振りを見直すなど，臨機応変に新たなニーズに対応できるようにする。私は，係員全員に上司を中心として一体感が醸成されるようフォーマル・インフォーマルを問わず，情報交流の促進を心がけていくよう努力する。

第二に，コスト意識を持つことである。財源は住民の租税であるという意識を忘れず，個々の行政サービスを行うにあたり，その経費を最小限にしていく必要がある。そのためには事業の必要性や費用対効果を検証することが必要である。このため，事業が社会に及ぼす質的な効果とコストを明確にして，既存の事業の中で効果の薄いものは思い切って廃止や見直しを行うべきである。また，係の中においても仕

> 採点者の目：主任の立場か監督者の立場か違いがありますからそれぞれの立場で書く必要があります。

事の進め方に無駄はないか，一つひとつ検証し，業務の効率化を図る必要がある。これらを具体化するため，私は，率先して情報収集を行い，職場全体に改善案を実践していくことが重要である。

第三に，職員の柔軟な発想と広い視野を養うことである。前例や慣習に基づく仕事は無難に処理するが，新しい課題に挑戦し前向きに仕事に取り組む職員は少ない。前例にない施策を展開するには、チャレンジ精神にあふれた創造力ある職員が欠かせない。時には困難な課題を職員に任せたり，事業の計画段階から職員の参加を図って，職員の提案・発想を大切にして仕事に取り入れ，やる気と多様多才な能力を引き出し，活用することが大切である。重要な仕事や新しい課題をやり遂げた時の達成感や満足感は，次へのステップを促す基礎となるものである。

3.　地域住民とともに

これからの自治体は，公共企業としての鋭いビジネス感覚とマーケティングの発想が求められる。良い商品（公共サービス）を提供しなければ，買い手（納税者）からは厳しい批判を浴びることになる。私はこのことを肝に命じ，職場の意識改革に不断の努力を続けていく所存である。

Q 12 住民ニーズと主任(係長)の役割

★★

1. 複雑,多様化する要望

私は,現在,認知症ケアホーム等の福祉施設建設の仕事に従事している。建設計画立案段階より,施設開所に到るまでの間に,施設周辺住民を中心として,実に様々な要望や意見が寄せられている。しかも,それらの要望や意見は,きわめて緊急かつ重要なものが多く,私たちの迅速,的確な対応が強く求められている。

2. 市民要望に迅速,的確に対応するために

複雑,多様化する住民の要望や意見には,私は次の3点に留意して対応したい。

(1) 住民からのニーズを先取りする

例えば,施設建設計画を建設予定地周辺住民に説明する際,○市の計画に大きく修正を求める要望が出されることがある。

このようなことを極力避けるためには,日頃より,関係住民とのコミュニケーションを密にし,住民の利害や価値判断を事前に把握し,調整しておくことが求められる。

また,関係住民の意向等を知るためには,他部局からの情報は重要である。私は他部局との連絡,調整にも,積極的にあたっていく。

(2) 個々の要望等の緊急度,重要度を正しく評価する

限られた権能の中で,複雑多岐にわたる要望等をすべて満たすことは,不可能である。そこには,必然的に,個々の要望のうち,緊急度,重要度の高いものを正しく評価する目が求められる。

そのため私は,絶えず業務に係る情報を収集し,鋭敏な感覚を養うとともに,係内においても,それらの情報の交流,分析に十分努めていく。

また,答申類には常に目を通し,要点などを箇条書きする習慣を身につけるよう努力する。

採点者の目：(1)(2)(3)で整理する方法は理解しやすい反面，文章の流れが切れてしまい，力強さに欠けるきらいがあります。

(3) 住民の立場に立って対応する

特に，住民から苦情があった場合，住民の立場に立ち，親身になって対応する姿勢は，必要不可欠である。これは，○市職員全員の基本姿勢として，十分，肝に銘じておきたい。

3. 絶ゆまぬ自己研鑽を

これらのことを実行することは，いずれも言うは易く，行うには難いことかもしれない。しかし，私は，今後，主任（係長）としてこれらのことに積極的に取り組み，住民の切実なニーズに敏感に対応する能力を涵養していく決意である。

Q 13 住民ニーズと係長の役割

★★

1．深刻な社会状況が生み出す住民ニーズ

好調な経済状況の中にあっても税収の先行きは不透明感が増している。このような厳しい社会情勢の中で，住民からの行政への要望は，ますます増大し，またその内容も，複雑・多様化の一途をたどっている。

2．急がれる事務改善の遂行

○県は，このような住民の切実な要望に的確に応えていくには，限られた財源を効率的に運用していくほか，行政全般の見直しを行い，内部の執行体制の簡便合理化を進めていく必要がある。そのためには，次のことに着手したい。

第一は，事務事業そのものの見直しである。

長年継続している事業で，もはや不要不急となったものは無いか，厳しく再検討を加える。その結果優先順位が下がると判断されるものは，スクラップ・アンド・ビルドの精神で思い切ってカットし，住民ニーズに応じた新規事業を推進する。この見直しを効果的に行うためには，行政事業総点検や全庁的なプロジェクトチーム，課内でのタスクフォースなど，弾力的な執行態勢を編成し，対処する必要がある。

第二に，民間活力の導入とＮＰＯの活用である。

○県単独で，大規模イベントの開催や各種施設の運営等の事業を行うには，人員やコストの点において限界があるので，民間企業やＮＰＯ，指定管理者制度などの導入・活用を今後とも慎重に検討することが大切である。

また，社会福祉や社会教育に関する事業には，民間ボランティアを募って，大いに活用したい。今後の余暇対策や，生涯学習の充実を目指す意味でも，ボランティアの育成を補助し，活動のための情報を提供していくことは，住民の行政への参加にもつながり，今後○県がさ

採点者の目：まとまっていますが，セキュリティ対策は今後研究が必要です。

らに鋭意推進していくべき施策の一つである。

第三は，ネットワーク機器活用に伴うトラブルの効果的な処理である。現在ネットワーク機器による事務処理の合理化，省力化には目を見張るものがある。しかし，ひとたび機械がダウンした場合の現場の混乱ぶりは，想像するにあまりある。日頃の機械のケアは，ほとんどがメーカーまかせである。トラブル発生時に職員の力で解決出来るよう，ＩＴ技術者などの養成が必要である。またネットワーク機器は，情報もれのおそれが常にあり，重複的暗号システムの導入や顔認証，生体認証などのセキュリティ対策，プライバシーの保護対策が急がれる。

第四は，職場の活性化に努めることである。

事務の効率化は一朝一夕に図れるものではない。職員一人ひとりが原動力となってチームワークを保ち，定期的に職場内での仕事の見直しを行い，共通の問題意識を持つことが大切である。その上でお互いに改善策を出し合い，さまざまな意見の交換をし，職場全体が自由に話ができる雰囲気をつくり上げることによって，職場の活性化は達成される。

3.　時代を担う職員として

今後も一層激しく変化するであろう社会環境の下で，行政をどのように発展させていくのかは，我々職員の力にかかっている。しかし，いついかなる場合においても，「住民の生活の安定と福祉の向上」という行政の目的は不変である。

私は係長として，常に社会の変化を敏感にとらえ，スクラップ・アンド・ビルドの精神を維持し，係員をリードし，上司を補佐しつつ，変貌激しい時代の魁となる所存である。

Q 14 住民対応と主任の役割

★★

1. 求められる住民対応

今日，住民の価値観は多様化し，行政に対する要望も複雑多岐にわたっている。好調な経済状況の中でも厳しい財政状況が見込まれ，行政がこれらに的確に対応するためには，住民の新しいニーズに積極的に挑戦していかれる職場づくりが必要である。その実現のためには，迅速かつ円滑な住民対応が求められる。厳しい状況であればこそ，的確な住民対応が必要なのである。

2. 的確な住民対応をするために

現在の私の職場は，障害者通所授産施設である。そこでは，障害者への対応が第一の住民対応である。また職員として，障害者の地域生活に関わる多くの住民への対応がでてくる。そこで求められる的確な住民対応のために，次のような係を運営していきたい。

第一に，係の良好なチームワークの確保である。住民への対応には，統一した考えが必要である。そのために係内の適切な役割分担や，その相互の連携がなければならない。私の職場の中でも，障害者の日々の様子を報告し，対応を話しあう時間は非常に重要である。それを生かすために，良好なチームワークの確立が必要不可欠となる。私は主任として，係長を補佐し，係内のコミュニケーションの活性化を心がけ，的確な住民対応への意識の向上に努めていく。

第二に，日常業務の見直しである。日々の住民対応は，ともすればマンネリズムに陥りやすい。業務の遂行には，常にその見直しを行う必要がある。私は主任として，住民対応の中で日常業務を絶えず見直し，必要性のないものは直ちに係長に報告して改めていく。そしてそれを，住民の本当のニーズに対するビルドへとつなげるよう心がける。

第三に，自己啓発の充実である。住民の複雑なニーズに的確に対応

採点者の目：全体としてバランスがとれています。主任としての資質がそこここに見えるようです。

するためには，係員の高い業務遂行能力が必要である。私は主任として，日々業務に関わる社会情報を収集し自己啓発を図る。また，他の係員に業務遂行上生じる問題や解決方法を問いかけ，係全体の自己啓発に結びつくよう努めていく。

3. 住民との信頼関係

住民は行政を頼りにし，信頼している。私たち職員は，そんな住民との信頼関係を何としても作らなければならない。その基本は，住民が今，何に苦しみ，何を喜んでいるかということに心から共感できることだと思う。私は常に謙虚に住民からの発信に耳を澄ませ，適切に対応するべく，全力を尽くす覚悟である。

Q 15 職員の育成と係長の役割

★★★

1. 今こそ職員のレベルアップを

今，行政はかつて経験したことのない多くの課題に直面している。急速に進行する超高齢社会に向けた地域福祉の充実や，コロナ禍からの持続可能な回復や脱炭素化など豊かな市民生活を実現していくための様々な取組みが求められている。また，○市の財政は好調な経済状況の中でも今後，厳しい状況が見込まれる。こうした中で，○市がこれらの課題に的確に対応していくには，積極果敢に問題解決に取り組む活力ある職場の形成が不可欠である。それには，組織を形成する職員の仕事を進めていく意欲と情熱が欠かせない。結局のところ行政の質は，職員の資質で決まるといっても過言でない。今，意欲あふれる創造性に富んだ人材の育成が求められている。

2. やる気あふれる職場づくり

係は行政の中で，住民に最も身近に位置する重要な組織である。このため，係の動向が行政に与える影響はたいへん大きいと言える。この係の最前線に立つ係長には，これからの行政を主体的，能動的に推進する職員を心血を注いで育成していく役割がある。そのため私は係長として，次の三点を実行していきたい。

第一に，職員の柔軟な発想と広い視野を養うことである。

前例や慣習に基づく仕事は無難に処理するが，新しい課題に挑戦し前向きに仕事に取り組む職員は少ない。前例のない施策を展開するには，チャレンジ精神にあふれた創造力ある職員が欠かせない。時には困難な課題を職員に任せたり，事業の計画段階から職員の参加を図って，職員の提案・発想を大切にして仕事に取り入れ，やる気と多様多才な能力を引き出し，活用することが大切である。重要な仕事や新しい課題をやり遂げた時の達成感や満足感は，次へのステップを促す基礎となるものである。

> 採点者の目：大変良い出来だと思います。係長としての資質を感じさせ，職員への思いも伝わってくる文章です。

第二に，住民感覚を基本に仕事を進める職場づくりに努めることである。

的確でタイムリーな施策の展開は，地域からの発想を抜きにしては実現しない。職員は窓口業務や地域の行事，町会の会議等，あらゆる機会を通して地域の声を聞き，住民の生活実態を把握して，行事に反映させていくことが大切である。研修や講座などへの参加を促し，新しい知識や情報の習得を支援するなど，時代感覚を養うための働きかけが欠かせない。職員が問題意識を高め，自己啓発意欲を向上させることで，新しい時代に対応する行政の推進を図ることができる。

第三に，何でも話し合える風通しの良い職場づくりに努めることである。

話し合いの場で発言を嫌がったり，人の意見を聞き流す，テーマに対して追究しないなど消極的な面があると，仕事の情報や各職員の考え方は係全体に伝わらない。係長は，進んで職員に話しかけ，公平に分け隔てなく耳を傾け，話し易い職場づくりを心がけて仕事を行う必要がある。お互いの自由で活発な仕事に対する意見交換の中から，職員は様々なことを学び切磋琢磨して能力向上に努める。

3.　係の要となる係長として

私は係長として，常に行政全体の動向に目を向け，多面的な視点を持ち，問題意識を持って職務に取り組めるよう日々自己啓発に努める所存である。また，課長と職員のパイプ役となり，係の意見はもちろんのこと自らも意見や提案の進言などを行いながら，課長の良き補佐役に徹したい。係長としてのリーダーシップを発揮し，活力ある職場づくりを目標に職員の指導にあたれるよう努力するつもりである。

Q 16 職員の育成と係長の役割

★★★

1. 変革期の市政を担う職員の育成

第○次地方分権一括法も成立し，本格的な地方分権・地方創生の時代となっている。もはや前例踏襲型の仕事の進め方は通用しない。今後は職員一人ひとりの政策形成能力と企画力の向上が，何よりも求められる。自治体の財政事情は好調な経済状況の中でも，今後，厳しい状況が見込まれる。一方，少子高齢化に向けた地域福祉の充実，脱炭素化等行政課題は山積している。こうした中，限られた財源と人員で市民ニーズを満足させるためには，効率的かつ戦略的な行政運営が欠かせない。今まさに，意欲と情熱，コスト意識と鋭敏な時代感覚を合わせ持ち，市民本位に職務に邁進する職員の育成が求められている。

2. やる気のみなぎる職場づくり

係長は，第一線の組織である係の運営を任されている。そのために係長は，係員一人ひとりの能力を最大限に引き出すことに，心血を注がなければならない。

第一に，職員の柔軟な発想と創造力の開発である。

前例や慣習に従い，仕事を無難に進めようとする職員は多い。しかし，行政の転換期にある現在，前例のない仕事をチャレンジ精神と創像力を持ち，進めていかなければならない。そこで私は係長として，職員一人ひとりの能力や経験等を見極め，個別に職員の能力育成のための指導計画を立てる。時には，困難な課題を職員に任せたり，事業計画の段階から職員を参画させる。また，職員の提案や発想を十分に生かし，職務に取り入れることで，職員の意欲と潜在能力を引き出す。そして，重要な職務や新たな課題をやり遂げた時の達成感や自信こそが，職員のレベルアップにつながる。

第二に，住民感覚を大切にして職務にあたる職場づくりに努める。

○市は，これまで以上に，地域特性を見すえたきめ細かい施策を，

> 採点者の目:「戦略的な行政運営」の表現は,力強く,やる気を感じさせます。チョットした表現が採点者の印象を良くします。

粘り強く,自らの責任で遂行していかなければならない。そこで係長は,窓口業務や地域行事等あらゆる機会を通じ,市民の生の声に積極的に耳を傾けるよう係員を指導する。その上で,担当業務の目標をふまえた事業遂行計画を立てさせ,集約・分析した市民の声の中から課題を発掘する。職員の報告や相談を受けた時を捉え,随時,適切にアドバイスをし,職員が自ら課題解決しうる支援を行う。さらに事業終了後は,必ず見直しを職員と共に行い,次期事業計画へのフィードバックをする。計画・遂行・評価・改善の励行が,職員の問題意識を高め,企画力を養うことにほかならない。

第三に,何でも話し合える風通しのよい職場風土を築くことである。

職員が発言しにくかったり,課題を職員相互で掘り下げないことが習慣化すると,職務遂行への職員の士気は低下してしまう。そこで係長は,事務連絡会を定期的に開催する。その上で仕事の遂行状況や生じている問題,応援が必要な場面等を議題にする。又,係長は,係内でのインフォーマルコミュニケーションから,職務に関する意見交換を日頃から行う。相互の活発なコミュニケーションにより,職員同士が切磋琢磨することで,職員は,課題解決に向けた新たな視点を学ぶことができる。

3. 係長は目標達成の仕掛け人

激動の時代,一人の百歩前進よりも,百人の一歩前進こそが,組織のパワーアップにつながる。その鍵は,係長のリーダーシップにある。私は,職員が本領を発揮しうるよう不断の努力を続けたい。そして,課長の良き補佐役として,研鑽を重ねる決意である。

Q 17 職員の育成と係長の役割

★★★

1. 変革期の市政を担う職員の育成

少子高齢化社会の到来，目覚ましいＩＣＴ（情報通信技術）の進展や脱炭素化の潮流など，市政を取り巻く社会情勢は大きく変化している。また，地方分権への動きが本格化し，今まで以上に地域特性に応じた独自性のある施策の展開が求められている。一方で，好調な経済状況の中でも，○市の財政事情は厳しい状況が見込まれる。限られた財源と人員で刻々と変化する市民の要請に応えていくためには，効率的かつ戦略的な市政運営が欠かせない。そのためには，常に何事にも挑戦する，住民福祉の向上に邁進する職員の育成が求められている。

2. やる気あふれる職場づくり

係長は，第一線の組織である係の運営が任務である。係長が，係員それぞれの能力を最大限に引き出すことに，全力で取り組まなければならない。

第一に，職員の柔軟な発想と創造力の開発である。

前例や慣習に従い，無難に仕事を処理していこうとする職員は多い。しかし，ＩＴ技術の進展により，申請・届出手続等のデジタル化など行政システムの転換期にある今，新たな施策の展開にチャレンジ精神あふれた創造力ある職員が欠かせない。そこで，私は係長として職員一人ひとりの能力や経験等を見極め，個別に職員の能力育成のための指導計画を立てる。集合研修に参加させることで広い視野を養い，新たな市政課題に取り組む意欲を持たせたり，職員からの提案や発想を大切にしながら，個々の潜在能力を引き出してやる。そして，重要な仕事や新しい課題を与え，それらをやり遂げた時の達成感や自信が，職員のレベルアップにつながる。

第二に，自らが住民感覚を持ちながら職務にあたれる職場づくりに努める。

的確でタイムリーな施策の展開は，地域から得た情報や発想を抜き

> 採点者の目：良くできています。導入部は常に新鮮な話題が含まれていると評価は高くなります。

には実現されない。この4月に大規模な組織改正を行い，新たに「地域行政センター」を設け，保健福祉・まちづくり・地域振興の各分野について，より地域に密着した行政サービスの展開が可能になった。そこで，各分野の情報を共有化すると共に，地域の行政や町会の会議等，あらゆる機会を通して「まち」の声を聞く。また，係員に対して，何かあれば「まち」に出ることで地域の実態を把握させ，常に新しい情報の収集を支援しながら，住民感覚を養うための働きかけをする。係員が問題意識を高め，自己啓発意欲を向上させることで，これからの「まちづくり」に生かすことができる。

第三に，何でも話し合える風通しの良い職場づくりに努めることである。

職員が発言を控えたり，人の意見に耳を貸さない，課題に対して前向きに関わっていかないなど，消極的な姿勢は職員の士気を低下させる。私は係長として，進んで声をかけ，公平に分け隔てなく耳を傾け，何でも話ができる職場づくりを心がける。ＯＪＴを実施することで，職務に関わる情報の共有化を図ると共に，係員同士の理解と共感を高める。また，担当業務についての進捗状況を報告させながら，疑問点や問題点があれば発言を促すようにし，意見交換の中から職員同士が切磋琢磨して個々の能力を十分発揮できるよう，係長として努めていきたい。

3. 係の要となる係長として

私は係長として，日頃から○市政全体の動向に目を向け，視点を広く保持し，常に問題意識を持って職務に取り組めるよう自己啓発に努める。また，課長と職員のパイプ役となり課長の良き補佐役となれるよう頑張りたい。

そして，活力ある職場づくりを目標に職員の指導にあたれるよう努力する所存である。

Q 18 地域の危機管理について

★

1. 地域社会の危機の背景

最近，子どもを狙った事件をはじめとして地域を震撼させる事件が続発している。これまで日本は，深夜でも女性が一人で歩けるような安全な社会であった。ところが，自宅の近くで幼児や女性が誘拐されたり，戸建ての家に侵入し悲惨な結果を生むような事件も頻発している。地域社会は，このような事件に対し危機感を持って，安全で豊かに暮らせる社会を創ることを切望している。○県は，こうした県民の要望に応えるべく，なによりも安心・安全なまちづくりに取り組まなければならない。このため，県は，危機を未然に防ぐ方策や危機発生時にそれをすみやかに収斂させるためのきめ細やかな体制づくりを行わなければならない。

2. 危機における課題

危機は，いつ起こるかわからない。それに対処するためには○県，住民，関係団体などの協力，連携がかかせない。そのために以下の課題がある。

第一は，住民が，危機に関わる危険性や危機を回避するための正確な情報を十分持っていないことである。たとえば，学校の近くで事件が起きても保護者や地域の大人が自衛できるような仕組みは十分ではない。また，住民への侵入盗の情報も一定程度流しているが，まだまだ十分とはいえない。

第二に，地域社会が，地域に発生する危機の予防，発生した後に対応するための十分な機能を備えていないことである。現在，地域社会においては，超高齢化や少子化の影響もあり，単身世帯や高齢者のみの世帯など危機への予防，危機が発生したときへの対応能力の脆弱な世帯が多い。そのため，危機への取り組みが自治体に強く求められている。

第三に，職員の危機に対する意識の不十分さがある。安全・安心は，警察の領域であり，自治体は補助的・補完的役割にすぎないものだという意識がまだまだ多いことである。確かに，犯罪に対しては，警察力を持って対応しなければならない場面が多いことは事実である。しかし，地域住民が危機感を持って現状を打開しようという動き

採点者の目：危機管理の論文ですと，コロナウイルス感染症の関係もあります。触れる必要はあるでしょう。しかし，地域の危機についてなら十分な論文です。

の中で，役割分担はあるにしても，手をこまねいていてはいけない。職員として危機に対する前向きな意識付けが必要になる。

3. 危機に際しての解決策

以上の問題点を解決し，安全で安心な地域社会を築くため，私は次の取り組みを通じて，地域社会の危機に対応したい。

第一に，今まで以上の情報伝達の取り組みを構築することである。現在でも，不審者情報や学校近くでの事件情報も保護者へのメール伝達や町会会館へのファクスなどの取り組みはしている。しかし，希望者のみであったり，保護者全員に伝達できる仕組みにはなかなかならない。危機に際して，今，動ける地域の人々に危機の情報をスマホアプリの活用などで伝達できる仕組みをつくる。情報管理は難しいが，地域の団体等と連携して危機に対応できる情報伝達システムをつくる。

第二に，危機に対応できる地域づくりをしたい。従来の，町会・自治会，ＰＴＡに加え地域の企業などの各種団体に働きかける。新聞販売店，クリーニング配達，銀行，郵便局など地域を回る企業に協力を求める。協力を広範囲にしていると知らしめるだけでも犯罪等の抑止力になるし，危機が発生したときに危機ボランティアとして行動してもらう。また，子ども安全の防犯ボランティアや防犯パトロールも助成金の充実などにより一層の拡大を図る。

第三は，危機に対する職員の劇的な意識改革をすることである。危機管理に対する研修はもとより，ボランティア休暇を利用した地域活動への参加を求める。自治体職員としての本分を理解したうえで，地域社会の安全・安心のために何ができるか，何をすべきか理解させる。地域社会が超高齢化や少子化により脆弱化している今日こそ現に働いている公務員の行動力が強く求められている。

4. 住民と共に築く地域の安全・安心

超高齢化や少子化等，行政を取り巻く社会の環境が大きく変化している。〇県は，社会環境の変化に的確に対応し，地域社会を充実させ，住民がこの街に住み続けたいと願う快適な都市づくりを進めなければならない。そのために，〇県は組織を活性化させ，危機に対応するよう不断の努力を続けていかなければならない。

Q 19 変化する社会状況と行政運営

★

1. 行政需要の変化

○市をとりまく社会環境は,「超高齢化」「急速な情報通信化」「脱炭素化」等により大きく変動している。また,住民は,物質的な豊かさに加え,精神的・文化的豊かさをも求めるようになり,価値観や生活様式の多様化が顕著である。このような状況を反映して,住民の市政への期待も高まる一方であり,また,現実に寄せられる要望も,複雑・多様化が著しい。そのためこれからの○市政は,よりきめ細かく,内容豊かに推進していくことが求められている。

2. きめ細かく豊かな市政実現の具体的方策

行財政上の権能に限りがある市政が,住民の「千差万別」の要望のすべてに応じることは不可能である。そのため,より優先度や緊急度が高いものを選定し,適切に対応していく必要がある。そのため私は,次の4点の方策を実施していく。

(1) 言わんとする内容をよく聴く

私は,教育委員会に勤務していて普段保護者から児童の教育上の問題について,意見を言われることがよくある。その場合,私はまず市民の真意がどこにあるのか話をよく聴くことにしている。そうしないとそれをどう処理するか上司に報告する場合,その内容を正確に伝えることができないからである。

(2) 仕事を的確に処理する

住民の要望・意見のポイントをよく理解し取り入れるべきと判断されれば,それを市政の中に取り入れるよう努力したい。その場合,私は,各関係部課との連絡調整を密にして,上司に積極的に意見具申をする。ただし,法規や基本方針等と照らし合わせ,実現不可能であればそのことを住民に明確に説明し,その理解を求めるべきことは言うまでもない。

> 採点者の目：⑴～⑷の項目は読みやすい。もう一つ文章的なレベルアップを図るとすれば，項目をはずしてみてください。

⑶　時代の変化を鋭敏にキャッチする

住民の意見や要望は，今後ますます複雑・多様化し，増大していくと予測される。住民がいま何を求めているのか，何を求めなくなったのか，時代の変化を鋭敏にキャッチし，常に問題意識をもち，熱意をもって対処していかなければならない。そのため私は，現状を正しく認識し，分析できる能力を身につけるよう日々自己研鑽の努力を重ねていく。

⑷　責任をもって対応する

曖昧な対応は，住民に不信感を与えると同時に，市民生活に直接悪影響を及ぼしかねない。特に○市政の中に組み入れられない要望については，説得力も要求される。私は，接遇の基本を身につけ，○市政の代表として，具体的な市民要求に接した場合は，責任ある態度で対応していく。

3.　主任として

私は，このようなささやかで地道な努力の積み重ねが，ひいては大きな市政を活性化させ，住民の○市政への信頼を確保する捷径となると信じる。私は，主任として日々職務に邁進する決意である。

Q 20 行政技術者のこれからのあり方

★★

1. 問われる職員の存在

十年一昔と言われる。しかしながら，○市を取り巻く社会情勢の変化を考えるとき，この言葉はもはや通用しない。

不確実性を伴いながら，加速度的，複合的な時代の流れの中で，山積された行政の課題を解決するのは職員である。職員のあり方次第で，これからの○市の運命が決定されるのだと言っても過言ではない。にもかかわらず，時代の変化の波に乗り切れず立ちすくむ職員の存在は否めない。特に，建築に携わる行政技術者は，その旧態依然とした集団のあり方が，今強く問われている。

2. 行政技術者の抱える課題

第一に，技術者の前に行政マンとしての自覚の欠如があげられる。主体性がなく，技術のことしかわからない行政オンチであるというイメージができあがっている。本来ならば，住民福祉の向上が大前提であり，社会的ニーズの変化，まちづくり，環境問題等総合的な視野の中で，公共施設は建設されなければならない。日頃，行政の技術者であるという認識を持つ機会に恵まれないのが原因である。

第二に，行政の合理化による問題があげられる。事業量の増大に伴って始まった委託業務の慣例化は，技術力の大幅な低下をもたらしている。行政技術者と民間技術者の担う役割を再認識した上で，委託業務の内容とそのあり方を改めて検討しなければならない。

第三に，企画，調整力が不足していることである。時代の要請に柔軟に応えるためには，既成の枠に囚われない公共施設づくりが必要であり，従来にも増して企画力が必要とされる。また，行政各部門に結ばれた横断的なパイプを持っていながら，うまく調整しきれず，至る所でパイプを詰まらせている。このパイプはぜひとも有効活用されなければならない。

3. 行政技術者のイメージアップ作戦

これらの課題を解決するため，行政技術者のイメージアップ作戦を

採点者の目：良く整理されて書き手の力量が表れています。

展開し，次の施策を強力に推進する。

第一に，行政能力の養成を図るため，ＯＪＴにおいて，常に行政を取り巻く潮流の中で仕事の位置づけをさせることである。他の自治体に関する派遣研修や講演会等へも積極的に参加させ，行政マンとしての自覚を持たせる。

また，ともすれば行政技術者は一カ所に滞留しがちなので，思いきったポスト新設により，事務職集団への人事異動も配慮していく必要がある。

第二に，行政技術者の担うべき役割を再認識させた中で，定型化した仕事，非能率的な仕事をうまく委託していくことである。技術力向上のために，内部設計，内部作業に取り組ませ基本を身につけさせるとともに，ヤル気を喚起することが大切である。その際，挑戦した結果に対する正当な評価を忘れてはならない。

また，委託業務から吸収できる多数のノウハウを，常に職場でうまく活用できるシステムづくりを進めていくことも重要である。

第三に，企画，計画段階から職員が参画できる体制を作ることである。施設建設に伴うプロジェクトチームへ参加させることにより，能動的・積極的な体質へ脱皮させるとともに，行政各部門間の良きコーディネーターとしての役割を認識させることである。創造的で弾力的な行政運営が必要とされる現在，ハード面とソフト面のバランスをとりながら，行政技術者がその役割を果たしていかなければならない。

4.　不断の努力

これからは地方創生の時代である。住民に身近なふるさとと呼べる○市の実現のためには，住民の信託に応えつつ，息の長い豊かな公共空間を創造していかなければならない。

そのためには，建築に携わる行政技術者は，行政力，技術力，企画・調整力を備えるべく，不断の努力を惜しんではならない。

これからの自治体はまさに行政技術者の腕の見せ所である。

Q 21 効率的な行政運営について

★★★

今日，我が国において国民生活は一定の豊かさを享受する一方で，住民の生活観や価値観はきわめて多様化している。これらの変化に伴い，地域に密着した○市に寄せられる住民からの要望は，複雑・多岐にわたっている。

一方，我が国の経済は，現在，好調な経済状況の中でも税収の先行きは依然として厳しい状況であり，行政の財源確保も予断を許す状況ではない。限られた器の中で，より多くの住民要望に的確に応えていくためには，厳しい内部努力による効率的な行政運営の実現が，強く求められている。

行政運営の効率化は，次の三点を主任が率先して行うことにより実現されると考える。

まず第一に，業務を遂行していく有機的組織体である係の機能が，十分発揮されるような体制づくりである。そのために，私は職員の一人として，コミュニケーション・ルートの確保に努める。①指示・命令を受け，現状・問題点を報告する上司とのタテ系列。②業務を遂行する上で関連のある他の課，他の係に続くヨコ系列。③職場会議の開催等により確保される係員同士の内部系列。これら三つのルートを私はおのおの確保し，また私は主任としてこれらのルートを結ぶ情報の結節点としての役割を果たし，活性化した職場の環境づくりに努めていく。

第二に，行政は行政需要の変化に即応していくために，事務事業の見直しを行い，組織の簡素・合理化の実施が不可欠である。そのために私は職員の一人として，新聞・テレビ・インターネット・雑誌・ＳＮＳ等から関係情報を収集し，社会情勢の変動に敏感になるとともに，住民の要望を的確にキャッチしていく。そして自ら得た情報を係員に提供し，業務遂行上の判断材料として生かしていく。その上で，係全

> 採点者の目：良く書けています。主任としての役割がきちんと示されていて良いと思います。

員でスクラップ・アンド・ビルドの精神で，ムリ・ムダをおもいきって廃止し，行政の優先的課題に余力を振り向けていく。

第三に，業務の能率をあげるためには，係員間の良好なチームワークが必要である。1＋1＝2以上の力を発揮していくためには各係員が分担する業務をお互いに，共同・補完・連携しながら遂行していくことが大切である。そのために私は係内の業務の遂行状況に目を配り，係員全員に係長を中心とする一体感が醸成されるよう，常に心を砕いていく。

行政運営の効率化の実現には，職員一人ひとりのたゆまぬ努力の積み重ねが必要である。職場の中心である立場の主任として，私は率先垂範となるよう一歩一歩努力していきたい。

Q 22 効率的な行政運営

★★★

1. いまこそ効率的な行政運営を

今日，社会情勢が変動するに伴い，住民の要望は複雑・多様化している。が，それらは，最終的には住民生活の安定を求めて運営される行政に，集約されて反映される。リーマンショック後の不況に加えて，コロナウイルス感染症による不況は「産業のまち○市」の経済活動を直撃し，生活の基盤となる商工業の維持・発展，就労の場の確保等が市政の緊急課題となってきた。

一方，最近の好調な経済状況の中でも財源確保はより困難性を増し，○市政においては予算の切り詰めも一段と必要となってきている。限られた器の中で，より多くの住民要望に的確に応えていくために，行財政上の権能を有効に活用する効率的な市政運営の実現が，今，○市政に強く求められている。

2. 効率的な行政運営の実現のために

この行政運営の実現のために，私は職場で次の三点を率先して行っていく。

まず第一に，市政の現状，住民の今日的要望を把握する。新たな行政課題をいち早く発見し，この情報収集のため，私は市内産業団体の実施する勉強会に自発的に参加し，また，市内工場の訪問を率先して行う。現在，○市内の大半の工場経営者は，今日の経済状況を乗り切るための市による経営基盤の強化の側面的支援を強く要望している。これらの要望をふまえ，私は経営アドバイザーの派遣制度，受発注コーディネートの充実，インキュベーションオフィスの増設や不況対策のための講演会の開催等を来年度再構築事業として提案する。また，市がすでに実施している緊急融資，経営相談等の施策を経営者が有効利用するよう，積極的な情報発信に努める。

第二に，現在の事務事業を住民の要望に基づき，厳しく再評価しな

採点者の目：施策の提案の部分は常に新鮮な話題が必要です。

おす。私は前例踏襲やマンネリズムを極力避け，私が担当する事務事業の実施状況，予算の執行状況を厳しくチェックする。そしてスクラップ・アンド・ビルドの精神で，不要不急の事務があれば私は係長や課長と相談し，思い切ってそれを廃止し，真に住民が必要としている優先的課題に，その余力を振り向ける。

第三に，事務事業を遂行していく組織の良好なチームワークを確立する。１＋１＝２以上の力を発揮していくためには係員間の共同・補完・連携の関係が必要となる。そのために私は主任として，係員全員に係長を中心として一体感が醸成されるようフォーマル・インフォーマルを問わず，情報交流の促進を心がけていくよう努力する。

3.　市政の今後のさらなる発展のために

住民一人ひとりの熱い期待に応えて，信頼ある行政を確立，運営していくためには，我々職員一人ひとりのたゆまぬ努力の積み重ねが必要不可欠である。私は今後とも自己啓発に励み，職場の中心である主任として他の模範となるよう日々邁進する決意である。

Q 23 効率的な行政運営

★★★

1. 変化する市民ニーズ

超高齢化，脱炭素化，情報通信技術（ＩＣＴ）の飛躍的な進歩などに代表される社会状況の変化にともない，住民の意識も，精神的な豊かさを求めて物から心へ，量から質へと変わってきている。そして，その質も，嗜好や活動の個性化が進み，行政需要は一層，複雑・多様化することが予想される。

限られた財源の中で，このような変化を的確に受けとめ，市民ニーズに的確に応えていくためには，○市政は旧来の殻にとじこもらず，弾力性をもって市政運営にあたり，魅力ある地域社会を形成していくことが強く求められている。

2. これからの行政のあり方

市政運営に弾力性をもたせるためには，今後の○市政はより一層簡素にして効率的な執行体制を確立しなければならない。そのためには，今後，市はとくに次の３点を強力に推進していく必要がある。

第一に，組織体制の整備である。行政運営の弾力化に最も大きな阻害要因となっているタテ割組織の弊害を極力排除するために，私たちはまずもって組織・機構について厳しい見直しを行いたい。そして部門間での施策の共同化や組織の安易な新増設を抑制し，積極的に組織の統廃合に努め，スクラップ・アンド・ビルド方式を徹底させる。次に，ゼロベース予算や，文書事務を始めとした行政のデジタル化を積極的に行い，それに伴い一層の定数管理・削減を行いたい。

第二に，行政サービスに対する行政の役割分担とその優先度，緊急度を明確にすることである。公私の機能分担のあり方や市政の限界等について十分見直しを行い，市民にゆだねる必要がある分野については市民の理解を得るとともに，公共施設の管理運営など，指定管理者制度や民間ＮＰＯにより実施することが適切な事業については，積極

採点者の目：良くできていますが，研修制度，提案制度はやや古くパンチが足りないと思います。

的にそれを推進したい。これらのことが結果として，住民参加によるまちづくりを実現することにもつながっていく。

第三に，職員の意識改革である。多様化する行政需要に的確に応えるためには，先例踏襲，事なかれ主義を排し，活力ある市政運営を展開することが求められている。その中心となるのが職員である。これらの課題を実現していくためには，民間企業への体験研修等を含めた研修制度の充実，提案制度による職員の能力開発と職務意欲の活性化を図ること等は急務となっている。

3. 市政を担う

○市政に対する住民の期待，要望は熱くて大きい。その実現のためには，職員が一丸となって，効率的な執行体制の確保に努め，住民福祉の向上に取り組まなければならない。

私はこのような視点に立ち，主任としてより一層の問題意識をもって，○市政のささやかな一翼を担うべく不断の努力を重ねていく。

Q 24 行政運営の効率化と係長の役割

★★★

1. 新たな時代の市政運営のために

超高齢化，少子化，脱炭素化の潮流やＩＴ革命等，○市政を取り巻く社会環境の変化は著しい。同時に，市民の要望も，雇用対策からコロナウイルス感染症対策に到るまで多岐に渡っている。また，地方分権改革により，市の所轄領域も拡大した。

しかし，好調な経済状況の中でも市の財政の先行きは厳しい状況が見込まれる。

こうした中，市は地域特性を踏まえ，多くの行政需要に対応し，市民の信託に応えていくことが求められている。そのためには，事務事業の評価を強力に進め，社会変化に弾力的に対応しうる○市政の体質強化が急がれる。

2. 実効性のある改革のために

○市の事務事業適正化計画を踏まえ，各事業の評価を効果的に推進するため，次のような取組みが必要である。

第一に，事務事業の見直しをさらに徹底することである。

刻々と変化する社会情勢の下，数年前に有効とされた事業が，現在の市民ニーズに合致しているとは限らない。社会変化に応じた施策を展開するには，事業の見直しをさらに強力に進めていく必要がある。

そこで，ＰＤＣＡサイクルによる事務事業の多角的な評価を実施する。まず，市民ニーズの変化を踏まえ，企業や地域活力の可否等の観点から，事務事業の見直し計画をたてる。

実施過程では，問題点や進行状況等の点検を行い，適宜，見直し計画を修正していく。

執行後は，市民の利用率や費用対効果，受益者数，執行方法など複数の評価項目から事業を検証し，改善点を次期計画に反映させる。

これらの取組みにより，施策展開の有効性を確保すると共に，実績の低迷している事業の見直しを促進させていくことが重要である。

第二に，事務事業の見直し計画を市民に公開し，市民協働の仕組みを構築する。

地域特性に即した施策を展開するには，計画の立案，実施の過程で

採点者の目：背景の部分があと一歩という気もしますが，よく書けています。

市が説明責任を持ち，市民の理解と協力を求めていく必要がある。

そこで，事務事業見直し計画の推進にあたり，事務事業評価委員を公募し，市民協働の仕組みをつくる。同時に，課題ごとの公開型フォーラムを開催し，市民との議論の場を設定する。これらの途中経過は，市広報や市のホームページ，ツイッター等のＳＮＳなどあらゆる手段で公開し，市民各層の幅広い意見を反映させていく。

これらの積み重ねにより，地域課題を市民と共に解決していく仕組みをつくる。

第三に，事務事業の効率的執行体制を確立する。

市民ニーズが複雑化するにつれ，複数の部・課の連携が必要となってくる。また，限られた財源の下，全ての課題に市のみで対応するには限界がある。

そこで，事務の競合や組織の共管の点検を行い，不要不急となった部・課の合理化を推進する。また，安全・安心対策やシャドーＩＴ（私物のパソコン等を無許可で業務利用すること）対策等全庁的に対応すべき課題に対しては，プロジェクトチームの設置など柔軟な組織対応を図っていく。さらに，各市立施設の管理・運営については，指定管理者制度や民間ＮＰＯ等の活用を検討したい。同時に，高齢者対策や子育て支援事業など，ニーズに個人差があり，よりきめ細かい対応が必要とされる施策についてはＮＰＯやボランティア団体との連携強化を図っていく。

各組織の専門分野や市外各サービス主体の特徴が生かされ，多様なニーズに効率的に対応できると共に，市民の選択の幅も広がる。

3.　係長は目標達成の仕掛人

施策を自律的に考え，実行する市政を目指すには，その行政資源である職員一人ひとりの気概と政策形成能力の向上が不可欠である。

私は係長として，市の人材育成方針を踏まえ，鋭敏な時代感覚で，市民と共に，課題に果敢に挑戦していく職員の育成に心血を注いでいく。そして，明日の市政を拓く一人として，日々の自己研鑽に努力を惜しまない。

Q 25 行政に求められる効率化

★★★

1. 行政に求められる効率化

超高齢化，脱炭素化，高度情報通信化へと急速に進む中で，住民のニーズは複雑・多様化し，ますます増大している。この住民のニーズを満たすためには膨大な費用が必要である。しかし，好調な経済状況の中にあっても自治体の税収入の先行きは依然として厳しい状況が見込まれる。

こうした中でも，住民サービスの低下は許されない。行政は，真に必要なサービスに人，物，金をきちんと配分し，住民福祉の向上に努める責務がある。自治体が抱える様々な課題の中で，効率的な行政運営を重要課題として，私は積極的に取り組んでいきたい。

2. 効率的な行政運営のために

より効率的な行政運営を進めていくために私は，次のようなことを心がけていきたい。

第一に，常に変化する住民のニーズを敏感にキャッチし，仕事の中に生かしていきたい。社会情勢の変化に応じて，不要不急となった事業や効果のうすくなった事業を見直していくことにより，限られた財源の中で変化する住民のニーズに対応していく必要がある。そのために，窓口で住民と接する際，住民の要望を把握し，予算作成時に係長に提案をしていきたい。

第二に，事業を進めるにあたって，常にコスト意識を持つことである。財源は住民の租税であるという意識を忘れず，個々の行政サービスを行うにあたり，その経費を最小限にしていく必要がある。そのために，係長と相談し，係内で定期的なミーティングを持ちたい。その会議の中で，仕事を始めるにあたって，目標・手順・達成時間・費用を十分検討し，計画的に仕事を進めていきたい。

第三に，問題意識を持って日常業務を行っていきたい。効率的な行

採点者の目:「窓口で…要望を把握し，提案」はもうひとひねりして，精査する部分があればさらに良いと思います。

政を実現するためには，行政組織の成員である職員の意識と姿勢にかかっている。日々の業務を遂行する中で「もっと便利な方法はないか，もっとよいサービスはできないか」などと，自ら仕事を改善していこうとする問題意識を持ち，それを他の係員にも持たせるよう努めていきたい。

3. 信頼される主任主事をめざして

効率的な行政運営を進めていくためには，係が活気に満ちた職場でなくてはならない。そのためには，私は，係長と係員あるいは係員間のコミュニケーションが十分に図られるよう，パイプ役となり，また係長のよき補佐役となるよう，主任主事として全力を尽くしていく決意である。

Q 26 職員のメンタルヘルスについて

★★★

1．求められるメンタルヘルス対応

心の病を原因とする病気休暇者は，年々増加傾向にある。家庭的な原因や本人の素因や性格なども要因としてあるものの，一方で，職場の人間関係や仕事の質，量，職場環境などからくる仕事上のストレスにも要因がある。職員の受けるストレスが拡大する傾向の中で，心の健康の保持，増進に向けて自治体として取り組むべき必要性がますます増加してきている。

2．元気あふれる職場づくりを

職員の健康管理は，職員本人や家族の安全と安心を確保することにとどまらず，職場全体の公務能率を一層推進させ，ひいては，市民に対して効率的かつ効果的な行政サービスを提供していくために欠かせない課題である。この課題に的確に応えていくためには，自治体として次のような取り組みが強く求められている。

第一に，職員に対する意識啓発を図りたい。職員と管理監督者を対象に，メンタルヘルス講習会をいま以上に積極的に行う。ノルマが過大になってプレッシャーとなってしまっていたり，パワハラがないかなど，自己管理を職員と管理監督者に求める。また，職員自身が行うストレス度チェックなどを年一回にとらわれず実施し，このことにより，気がつかないうちに心の病にならないように取り組みを行う。

第二に，メンタルヘルス不調の早期発見，早期回復の体制づくりをする。精神科医や心理職の専門スタッフ等が職員や上司からの相談や心の病気の早期発見などについて助言，指導を行う。同僚や上司による周囲の気づきも重要である。また，精神科医等が，休職者の職場復帰に向けて復職後の勤務を想定した段階的な訓練計画の作成や指導のほか，再発防止のために定期的な面接指導によるケアを実施する。さらに，より実態に合った心の健康づくり計画を作成し，メンタルヘル

> 採点者の目：職員自身の原因によるメンタルヘルスの不調と職場が原因による場合と書き分ける必要もあるかも知れません。

スにおいて職員みずからが行うことと事業者である自治体がみずからが行うことなど，それぞれの取り組みや役割を明確にする。

そして，職員や管理監督者の心の健康づくりを支援するために，職員相談員による相談や臨床心理士，精神科医などによる相談，契約医療機関での直接相談など相談員制度の一層の充実をはかる。

第三に，一部住民からの自治体への要望や申し入れはすさまじいものがある。その対応を組織全体で行う。モンスターと呼ばれる一部住民に対して，組織で対応しないと個々の職員のメンタルを損なう要因になりかねない。必要に応じて，職員，管理監督者が弁護士等と相談できる体制も一層充実させる。

3.　今後のさらなる発展のために

今後も一層厳しく変化するであろう社会環境の下で，行政をどのように発展させていくのかは，われわれ職員の力にかかっている。心の病は，職員個人の問題であり，個人が解決すべきであるという認識ではなく，心の健康管理を強力に推進することが自治体にとっては，重要課題である。私は，職場の中堅である一職員としてその重要性を認識し，これらの対策の実現に向けて全力を傾注する所存である。

Q 27 スリムな市政を実現するためには

★★

1. 今，求められる市政運営の効率化

今日，市民の価値観や生活観はきわめて多様化している。そのため，○市に寄せられる要望も多岐にわたり増加の傾向にある。一方，好調な経済状況の中でも市の財政における先行きは厳しい状況が見込まれる。こうした状況下，○市は最小限の費用で最大限の効果を上げる効率的な市政運営が求められている。

2. 効率向上のために

私は，スリムな市政の実現のため，中堅職員として次のことに取り組んでいく。

まず第一に，市民ニーズを的確に把握することである。様々な市民の要望に対して応えるためには，その内容を的確につかみ，最善の解決に努めることが重要である。そのためには，常に広い視野でアンテナを張り鋭い感覚を身につけていく。私は窓口業務での「市民の声」やテレビ，インターネット，雑誌，ＳＮＳなどから，積極的な情報の吸収を心がける。

第二に，コスト意識をもつことである。常日頃から「費用対効果」の考えに立ち，削減できる経費は節減を図ることが必要である。私は，決算書や見積書などを参考とし，関係部署とも協議を行い，少しでもムダを省く業務を進めていく。

第三に，日常業務の改革を行っていく。そのためには，漠然と日常業務をこなすだけでなく，様々な視点から業務の見直しを行うことが必要である。さらに，事務事業の見直しを通じて，より効率的な業務につなげたい。具体的には，業務全般を再評価し，重要かつ緊急性のある事業の選別を行わなければならない。そのことにより不要不急の事業は，廃止や改善を行い，真に市民が望む事業に置き換えていく。

> 採点者の目：良く書けていますがタイムリー，新鮮な話題が必要です。

3. 豊かな市民生活に向けて

今，市政は厳しい状況に直面している。しかし，厳しい状況であるからこそ，従来の執行体制を見直し改善していく絶好の機会である。私は職場のリーダーである主任として，スリムな市政の実現のため全力をつくす決意である。

このような取組みを積み重ねることは，市民が安心，輝き，潤いをもって暮らせる市政につながると，私は信じている。

Q 28 これからの行政と人材育成

★★

1．転換期の市政運営

これからは地方創生の時代である。

少子高齢社会に向けた地域福祉の充実や脱炭素社会の構築，行政のデジタル化の推進など，緊急に取り組むべき多くの課題を抱え，○市は基礎的自治体としての自立意識を持って責任ある市政運営を確立していかなければならない。

しかし，時代の変化に伴い行政課題が増大しているとはいえ，その解決のために新たな財源や職員を投入することは厳しい財政事情から困難である。このような状況のなかで，行政サービスを低下させることなく，さらに発展させていくために，人材の育成に力を入れ職員の資質の向上を図ることが，今，強く求められている。

2．能力開発を阻害するもの

職員の育成については，これまでも様々な取り組みがなされてきたが，なお，次のような課題が残っている。

第一に，職員に経営意識や市民感覚が希薄なことである。

これからの市政運営には，市民との協働によって問題解決にあたるという視点が不可欠である。そして，社会の変化に敏感で，市民ニーズを的確につかみ，コスト意識をもって職務を遂行することが求められている。しかし，○市の職員は，厳しい経営改善にさらされている民間企業と比べて，社会の変化に疎く，経営的視点も不十分で，主体的に地域を経営していくという認識に欠けている。

第二に，職員の意欲を向上させる組織づくりが不十分なことである。

役所の仕事は，とかく前例踏襲主義になりがちである。そのため，新しい仕事のやり方や考えを提示しても，なかなか受け入れてもらえない職場状況がある。また，組織目標や仕事の到達目標に対する認識がないまま，日々のルーティンとしての仕事をこなせば，それで良しとする職場風土もある。これでは，時代の変化に機敏かつ柔軟に対応できる職員の育成は図れない。

第三に，職員に対する客観的な評価が制度として確立されていないことである。

人は仕事によって鍛えられ成長するものである。そのためには，仕事を通じて能力の開発や自己実現を実感するとともに，成果に対する納得のいく評価が

> 採点者の目：評価システムはよく研究してサラッと書けるようにしておいてください。

必要である。しかし，客観的観点からの評価制度が確立されていないため，自分の職務に対する貢献度や仕事の達成度を確認することができず，意欲を高めていくことができない。

3. 能力育成のプロセス

これらの課題を克服し，市政を支える有能な職員を育成するためには，次のような方策を講じなければならない。

第一に，主体的な地域経営に向けた職員の意識改革を図ることである。

多様な職務経験が積めるようなジョブローテーションを組むとともに，民間企業との派遣交流を通じて，職員にグローバルな視野と先見性，経営感覚を学ばせる。また，地元のボランティア活動を研修に取り入れるなど，地域の活動と接する機会を増やす。これによって，地域の実情を肌で感じ，市民感覚を養うとともに，市民の視点で問題を促え解決していくことの大切さを実感させる。

第二に，職員の意欲が反映される職場づくりに努めることである。

施策に対する職員提案制度や事務改善策の募集，自主研究グループの育成を積極的に推進する。そして，評価できる案は取り上げて生かしていく。新規の事業を行うにあたっては，公募制を採り入れていく。これにより，その仕事に向いた人材を発掘することができ，職員の意欲に応えることで士気を高める。

第三に，育成的観点に立った評価システムを導入することである。

職員が自らの評価について上司と面接する自己評価制度を採り入れたり，業績評価の結果を開示し，本人の職務遂行能力を自覚させ育成へとつなげる。また，加点主義人事考課を導入し，通常の水準より高い職務目標を設定することで，挑戦的，創造的な職場風土を醸成していく。さらに，目標による管理を行うことで，本人の自主性と創意工夫を促し，能力の開発を図る。

4. 新たな時代の創造に向けて

これからは，地方分権の時代，地方創生の時代といわれている。自治体間の競争が激化していくなかで，時代を切り開くカギは人材育成にあるといえる。しかし，職員の人材育成や能力開発は一朝一夕にできるものではない。地方分権という新たな時代の創造に向け，私は，○市の管理職として，日常の仕事を通じて職員一人ひとりが本領を発揮できるよう不断の努力を続けていく覚悟である。

Q 29 効率的な行政運営と管理職員の役割

★★★

1. 厳しさを増す身近な自治体

第○次地方分権一括法が施行された今日においても，中央省庁は地方自治体の力不足を懸念し，権限や財源の移譲に今なお消極的であるという。

また，好調な経済状況の中にあっても税収の先行きは依然として厳しい状態である。

このような時代において住民の信頼に応えるためには，○市は多様な政策を自ら形成する能力を拡充しなくてはならない。そしてその効果的な実施のためには，行政運営の一層の効率化を図ることが必要である。

2. 足許をまず見つめること

行政運営の事務改善策はこれまでも一定の成果を上げてきているが，なお一層推進するにあたり，次のような問題点がある。

第一に，事務事業推進にあたっての目標意識，計画意識，コスト意識が，今なお希薄である。

例えば，予算の執行が年度末に集中する，執行率を上げるために予算を執行するといった現象がいまだに生じている。

また，必要性の低い資料の作成に長時間要したり，決定関与者をいたずらに増やし決裁に手間暇がかかりすぎるといったことも起こっている。

第二に，行政組織の縦割りの壁が厚く，横の連携や調整がうまくいっていない。

例えば，組織間の連絡会議を開催しても，縦割りの問題点指摘までは到達するが，現場の実践面での改善につながらないことがある。

また，他部局の動向や施策に無頓着で類似事業に気づかず，予算査定で指摘されてから付け焼き刃の検討を開始することもある。さらに，連帯感が希薄なため，部局間の応援態勢等には冷淡であったりもする。

第三に，職員の能力開発と活用が十分になされていない。

例えば，ある職場で培ったノウハウや特技が，今の職場では生かす機会がほとんどないといった職員が数多く存在している。

また，日々の仕事を従前通りこなすことで良しとしてしまい，問題意識や改善への努力は二の次という風潮も見受けられる。

さらに，実績に対する評価が不適切なため，有能な職員が力を発揮していない職場もある。

3. 限られた資源を有効に使う

これらの問題点を解決し行政運営の効率化を進めるために，私は次のように

> 採点者の目：分権と効率化のつながりがもう一つ突っ込み不足の気がします。全体のバランスからすると無理な気もしますが。

事業に取り組む。

第一に，目標による進行管理意識とコスト意識を徹底する。

例えば，事業毎に到達目標を設定し，月単位の執行計画に基づき事業を推進させる。

また，事業に要したコストを，時間をも含めて各自で計算させ，相互に比較させる。

さらに，予算の執行にあたって，それが目標達成のために本当に必要か，代替法はないのか，適宜問いかける。

このように働きかけることで，職員の意識を高め，各自のチェック機能を活性化する。

第二に，事務事業のあり方や推進方法について，全庁的視点に立った見直しを図る。

例えば，常に他部局の動向に気を配り，事業の類似や重複を避けるとともに，行政事業総点検で優先順位の低い事業は統廃合する。

また，組織間の連携をより一層密にするために，率先して自分の側からアプローチするよう職員を指導する。

さらに，固定的な人員配置方式を見直し，多忙期は一時的に応援職員を配置して対応するといった，動態的な推進体制を確立する。

第三に，職員の政策形成能力の向上を図るとともに，埋もれた才能を十分に引き出して行政運営に役立てる。

例えば，職場研修体制を充実させて，担当者としての責務と事業目標を自覚させ，基本的な知識や技能を確実に身につけさせる。

また，事業の課題と対応策，到達点を報告させることで，問題意識をもたせ，改善の動機付けを行い，政策形成能力の向上をめざす。

さらに，職員の職場経験やノウハウ，特技を把握しておき各種のプロジェクトチームに積極的に参加させて，全能力を行政運営に活用するとともに意欲を引き出す。

4. 身を削り汗を流してこそ

行政運営の効率化は永遠の課題である。多様化し拡大を続ける住民要望に的確に応えるには，行政の取り組むべき課題を厳しく峻別し事業の取捨選択を行わなくてはならない。さらに，行政自体が身を削り汗を流して前進することにより初めて住民の納得が得られる。

そのためには管理職員が率先して，果敢に挑戦を続けることが肝要である。その姿を見て職員は育ち，効率化の効果が形となって現れるものと確信する。

Q 30 効率的な行財政運営と自治体行政

★★★

1．社会経済の変化と行政需要

わが国は，超高齢化，高度情報通信ネットワーク化が進行し，好調な経済状況の中にあっても経済の先行きは不透明である。人々は一定の物質的豊かさを実現したが，多様な価値観や生活を重視する真に豊かな社会の実現を望むようになってきている。それに伴い，行政に対するニーズも高度で複雑なものとなってきている。税収はまだまだ厳しい財政状況下で，これに応え豊かな地域社会を形成していくためには，○市の効率的な行財政運営が必要である。自らの組織を厳しく見直し，最小の経費で最大の効果をあげ，住民のための施策を推進していくことが，今まさに身近な自治体に求められている。

2．効率的な行財政運営を阻むもの

これまでも○市は，事務事業の見直し，適正な組織変更等により効率的な行財政運営に努めてきたが，まだ課題は多い。

第一に，○市の窓口が住民本位とはなっていないことである。時間的，場所的制約があり，住民にとってはサービスが受けにくい。高齢者や障害者等，外出困難な住民にとってはたいへん不便である。また，住民の多様な生活スタイルにも応じにくい状況である。

第二に，縦割り組織による弊害が大きい。住民にとっては一つの要望が，担当セクションごとに範囲や内容が異なるため，いくつもの窓口を通過しなければサービスを受けることが難しい。組織間の横の連絡が十分とはいえず，サービスに支障をきたすことがある。

第三に，職員の地域を経営する意識が希薄なことである。○市は，国の補助金等により画一的な施策の実施を行ってきたため，住民の要望把握やそれに対する的確な対応が遅れがちである。コスト意識が低く，積極的に地域を経営していくための政策形成意欲を欠きがちである。

3．効率的な行財政運営

これらの問題を解決して，豊かな地域社会の実現に向けた施策の展開を可能とする効率的な行財政運営を行うためには，次のような方策を講じたい。

> 採点者の目：採点者には，部長級の政策責任者もいます。既存の施策に対する一定の評価と斬新な提案が必要と思います。

第一に，ワンストップサービスなど住民の要望に的確に応じられる窓口の体制を確立する。窓口受付と内部事務処理を行政のデジタル化により連結する。従前は，個々の施設ごとでしか対応できなかったスポーツ集会施設等の申込みを，いつでも，どこからでも可能とすることができるクラウド型予約システムを導入する。マイナンバー等の本人認証による住民票等自動交付機を導入することで，役所の開庁時間外に，また交付機の在る所であればコンビニなどで住民票等の交付を受けることができる。このことにより時間的，場所的制約を軽減し，住民の要望に応じたサービスを実現する。

第二に，組織間の調整会議，プロジェクトチーム等の活用により，縦割り組織の弊害を軽減する。福祉，保健，医療等関連した事業については，組織を超えた対応が必要である。住民の保健医療情報の整備を進め，マイナンバーカードによるサービス受給が可能となるシステムの開発を進める。それと共に既存の情報機器システムと的確にリンクさせ効率的に事業を執行する。住民が，福祉，保健，医療等どこの窓口からでも同一のサービスへのアクセスを可能にすることが，サービスの向上となり，来たるべき超高齢社会に対応できることになる。

第三に，職員の意識改革を行う。民間への派遣研修を積極的にとり入れ，経営感覚とコスト意識を身につける。また，業績を上げた者が報われる等，職務に対する意欲が向上するよう人事考課の見直しを行う。さらに積極的に地域経営を行い，住民の多様なニーズに応じられる政策形成能力の向上を図る。企画段階から職員の参画を進め，組織を超えた提案制度等の導入や職員内部の研究会等の育成，助成により，職員のやる気を引き出す。

4. 豊かな地域社会の構築に向けて

誰もが安心して豊かに暮らすことのできる社会の実現は，人々の共通した願いである。地方分権が実現されようとしている今日，地域に最も身近な自治体としての責務は重い。○市は自らの効率的な行財政運営に努め，地域の人々と共働することにより，豊かな地域社会が実現できるのである。

Q 31 効率的行政運営

★★★

1. 社会情勢の変化

最近，景気が良くなったといっても福祉事務所の相談窓口にくる人達が依然多いという。厳しい中高年の雇用情勢が一層市民生活に暗い影を落としていることを感じないわけにはいかない。

○市の税収入の先行きは不透明で厳しい財政状況の中，引き続き減量経営を迫られている。

一方，急速な超高齢化社会の進展やコロナウイルス感染症対策をはじめ，社会情勢の変化が急である。それに伴い行政需要は増大化，多様化し，また質的にも大きな変化が認められる。

今，○市は市民生活に，より「身近な政府」として，自立すべく努力を重ねている。

限られた財政事情の中で，より効率的な行政運営を確立し，豊かな地域社会の実現を築いていくことが，自治体にとって緊急かつ最大の課題となっている。

2. 効率的行政運営の課題

行政運営の一層の効率化を進めていくにあたって，次のような課題があると考える。

第一に事務事業の効率化，合理化がなされていない点である。「最小の経費で，最大の効果」という行政の原点にいつも立ち返ることが必要である。一度確立された事務事業がいつまでも住民ニーズに合致したものとは限らない。また，民間との適切な役割分担も重要な課題となる。

第二に，経営的視点に立った行政運営が不十分な点である。行政は，採算ベースに立った行政運営を怠りがちである。これからの行政運営においては，財源に限りがあるという視点が必要である。

超高齢化社会の到来は，黙っていても膨大な財政負担をもたらす。経営的視点に立った行政サービスのあり方の根本的な見直し，さらに応能・応益負担の導入等も課題となる。

第三に行政組織が肥大化，硬直化し非効率となっている点である。組織は事務事業の増大とともに膨張しており，事務分掌も細分化している。さらに，従来の縦割組織は，機動性に欠け，住民ニーズの変化への的確かつ迅速な対応に不向きである。また，部署による事務量の偏在も否定できない。

3. 効率的行政運営を図る具体的方策

このような課題を踏まえ，今後の行政運営の要点は，以下のとおりであると

採点者の目：解決策での委託は，もう一つ先の提案をしてほしいと思いますが，良く書けています。

考える。

第一に，事務事業の大幅な見直しである。まず必要性の乏しくなった事業を選別し，行政事業総点検でスクラップ・アンド・ビルドを行う必要がある。さらに，行政の守備範囲は極力，民間において代替性のない事業に絞り，安価な政府を目指さなければならない。民間において実施するほうが効率的な事業は積極的に委託を進める必要がある。

例えば，若年層や障害者への就労支援，開票業務などの選挙事務，給与支払業務など委託をさらに進める。

第二に，経営的視点に立った行政サービスへの質的転換と受益者負担の導入である。例えば従来の福祉手当や敬老パスといった給付事業一辺倒は，経営的視点から望ましくない。これからは，高齢者が安心して生活できる福祉の仕組みづくりや寝たきりをつくらない予防的施策に重点を置くべきである。また，公営住宅の入居者など特定の行政サービスを受けた住民に応能・応益の負担を求めることは社会的公平の観点からも重要である。その際，住民への情報公開と住民の行政参加の視点を落としてはならない。なぜなら，開かれた行政運営こそ，事業縮小や受益者負担を住民に納得させうるものだからである。

第三に，行政組織の簡素合理化と柔軟な組織再編成である。住民ニーズが多様化し高度化すればするほど，的確かつ迅速な対応が求められるようになる。事務の競合や組織の共管の点検，不要不急となった組織の合理化が，まず重要である。さらに，従来の縦割組織にとらわれない，機能を中心にした柔軟で機動的な組織編成を提唱したい。具体的には課制・係制からグループ制・室制への転換，職種や組織の壁を越えた，機能中心のチーム制の採用等が有効と考える。

4. 効率的行政運営の基盤

「組織は人なり」という。職員こそは行政運営の最大の資源である。住民ニーズに的確に応え，いかに効率的な行政運営をなしえるかは，職員の仕事振り一つにかかっているといってもよい。そのために我々は，住民の生の声を聴きとる謙虚さと分析力を持たねばならない。そうして得た情報の中から施策を企画，立案する能力の鍛練も必要である。

我々が，住民とともに一体となって，効率的な行政運営を確立していくとき，行政に対する住民の信頼は高まり，○市は，真の「身近な政府」たりえるのである。我々はこのことを強く認識し，情熱と気概をもって仕事に取り組み，住民の信託に応えていかなければならない。

Q 32 これからの自治体行政と組織の活性化

★★★

1. 多様化する市民生活

行政のデジタル化や脱炭素化の推進，少子化対策やまちづくり，さらに超高齢者対策など，地域社会をとりまく状況は大きく変化している。これらの背景から，行政に対する住民の要求は複雑で多様化している。

時代の動きに的確に対応し，地域の発展と住民福祉の向上のためには，○市政は明確な地域の将来像を持ちながら住民要求を実現していかなければならない。

そのためには，○市の組織が柔軟性に富み活性化している必要がある。

2. 組織の現状

組織の活性化は，効率的で総合力のある組織が編成されていなければならない。そして，各組織が互いに政策を競い合う風土が必要である。しかしながら，現行の組織をみると次のような問題点を指摘することができる。

第一は，組織の細分化傾向である。組織の細分化が責任や権限の細分化を招いている点である。調整のための事務や会議の増大は，意思決定の効率を大いに低下させている。さらに，セクショナリズムを生みやすくさせたり，窓口を分散化させている。

組織の細分化が保守的傾向の増大，昔どおりの発想の固定化など活力低下の原因となっている。また，新しい課題への取り組みや既存の事務事業への固執などが，弾力性の低下を招いている。

第二は，組織間競争の不足である。組織は自律して責任を持って仕事をする集団でなければならない。各組織には必ずや存在意義があるはずである。そのよって立つ基盤を踏まえたうえで，自治体の果たすべき政策論議に積極的に関与し，自己主張する必要がある。

しかし，往々にして和をもって尊しとする職場風土から抜け切らないでいる。各組織が本当に自分の仕事として真剣に考えていない状況にある。

第三は，職員の意識改革である。とかく前例踏襲主義で仕事をこなし，新しい発想に努力しない現状維持型の職員が多い傾向にある。職

採点者の目：住民要求の多様化から組織の活性化に結びつける部分の工夫がもう一歩できればさらに良いと思います。

員の活性化なくして組織の活性化はありえない。複雑，多岐にわたる住民の要望を的確に受けとめ，実践していくためには職員は政策マンとしての自覚を持って事に当たらなければならない。単なる事務屋であってはならない。

3．必要な条件整備

以上に指摘した問題を解決するには，組織の風土や職員の意識，行動様式の古い伝統を破っていくための条件整備が必要である。

第一は，施策の総合化である。複雑な利害の対立する意見を調整するためには，組織の総合力の発揮が必要である。例えば，超高齢社会の問題は老人対策の問題に限らず，保健衛生，少子化対策，まちづくりなど，政策のコマ切れでない総合化が求められている。したがって，各組織のガードを固めることではなく，関連組織の時宜を得た統合や，事務処理の流れの見直しが常に図られていなければならない。

第二は，政策の競い合いである。とかく，感情的対立や組織間のしこりが残ることを恐れて，政策の議論が行われにくい傾向にある。組織の成果を競い合うことが評価され，人事考課の上でもプラスとなる風土を作っていかなければならない。そのために，評価システムを作り常に組織目的の達成度を点検して，フィードバックする必要がある。評価のないところには活性化はないと心得るべきである。

第三は，職員の能力アップである。単なる事務処理という意識で仕事を解決していては，住民の信頼を得ることはできない。これからは専門能力の高さ，説得力に富む解決策の提示が求められている。

日常の仕事の中で職員一人ひとりが政策を科学する心を持つよう，自己啓発に努めなければならない。実践的な研修を充実することはもとより，緊急課題を明示した職場提案の義務付けや，自主政策研究グループへの援助などを制度化する必要がある。

4．伸び伸びとした組織を目指す

○市の組織は固い，職員は冷たい，頭が固いと言われないようにしたい。

組織が活性化していないことは，住民にとって大きな損失である。住民の意識も画一化から個性化へと変化しつつある。職員一人ひとりが個性を発揮できる組織こそ，これからの身近な○市政に必要である。

Q 33 これからの行政サービスと身近な自治体

★★

1. プラスアルファの時代

もはや，画一的な行政サービスの提供に終始する時代は終った。地方分権や地方創生の活発な動きが，地域特性に応じたサービスや各自治体の個性を活かしたサービスを求める風潮を，端的に示している。

また，都市基盤の整備といった基礎的サービスの充実のみに努める時代でもない。住民の価値観の多様化・高度化に伴い，一層きめ細かなサービスの提供が必要となっているのである。

一言で言えば，これからは「プラスアルファ」の行政サービスを展開していく時代である。そして，地域住民に最も身近な自治体として，こうした住民需要により柔軟に，より的確に応えていかなければならないのである。

2. 地域住民が求める様々な「ゆとり」

住民が求める「プラスアルファ」の行政サービスとして，私は以下の三点を挙げたい。

まず第一は，住民の精神面を充足するサービスの提供である。大半の住民が一定の生活レベルを保っている時代である。加えて，人生100年とうたわれるほどの，長寿社会の時代を迎えている。こうした中で，住民は，各自の生き甲斐を強く求めるようになってきた。その欲求を満たすべく，行政に対しても，精神面というソフト面の一層の充実を要求しているのである。

第二には，環境面におけるゆとりの形成を挙げたい。住民は，採算性・利便性のみを重視した都市開発を望んでいるわけではない。地域特性を活かした，安心して住める快適なまちづくりを望んでいるのである。さらに，大量消費が美徳とされた時代が終わりを告げた今，脱炭素化と持続可能な資源利用の実現の重要性が認識されているのである。

第三は，選択の幅のある行政サービスの提供である。これまでも，施設の開館時間の延長や，書類申請の夜間・土日受付，電子申請など，住民の便宜を図ることに努めてきた。しかし，これからは，そうした手法の工夫だけでは不十分である。一つの行政施策の中で，住民一人ひとりのライフスタイルや価値観に対応できるような，マイナンバー等の本人認証，ワンストップサービス，ツイッターなどのＳＮＳ等多様な選択肢が求められているのである。

3. 身近な自治体が果たすべき役割

こうした住民の要求に応えるために，身近な自治体として，次の点に取り組

採点者の目：行政の指導によるまちづくりは，これからの住民とのあり方を考えるとやや疑問はありますが，良くできています。

んでいくことが必要である。

第一は，生涯学習の推進である。市民大学の開設や，地元大学との共催による公開講座の開講等，生涯にわたる学習機会を提供し，住民の学習意欲を満たす施策の一層の充実が重要である。さらに，そうした学習の成果を発表する場の提供にも努める必要がある。また，生き甲斐の一つである，住民のボランティア活動への支援も検討していくこととする。東日本大震災以降，ボランティアの役割が改めて注目を集めており，福祉や文化の面におけるボランティアの活用も課題となっている。行政として，住民の社会への貢献意欲を伸ばしつつ，その力を行政に活かしていく方策の検討は欠かせない。

第二には，行政の指導によるまちづくりの推進を挙げたい。町並みの統一を図るために，建築物の高さや外観，色彩等，まちの景観形成の基準を策定する。また，過大な屋外広告物を規制し，緑地や公共空間の確保を義務づける。こうして，積極的に景観誘導を行っていく。さらに，歴史的建造物である文化財も，周囲の風景と一体化して地域の個性を形成するよう，保護していく必要がある。その一方で，リサイクル活動への一層の支援や太陽光発電への手厚い支援，地域冷暖房・雨水利用等の省エネルギーシステムの公共施設への導入など，持続可能な資源利用の実現にも努めていく。

第三は，民間活用の推進である。行政サービスに高い専門性が求められている今，行政のみの対応には限界があることは認めなければならない。これまでの，各種公社の設立や民間との提携のあり方を見直し，指定管理者制度や民間ＮＰＯの活用など民間の専門性や機動力，柔軟な発想をより一層取り入れていく必要がある。また，各種計画策定時の住民参加システムの整備も重要である。審議会委員の住民公募制の積極的な導入や，公聴制による情報公開等，住民参加を促す体制づくりに努めていく。このことにより，住民の望む選択肢の充実が図られるのである。

4．住民に最も身近な自治体として

これからの行政サービスには「プラスアルファ」が必要である。住民に最も身近な自治体として，これまで述べてきたような方法で，住民の求めるプラスアルファの行政サービスを展開していく必要がある。

そうしたサービスの質次第で，人は集まり，まちは活気づく。私は，このことを肝に銘じながら，これからの行政サービスの充実に尽力していく所存である。

Q 34 多様化している市民生活と行政

★★

1. 行政に求められていること

今日の○市をとりまく社会経済情勢は，急速な高齢化や高度情報通信化，少子化など大きなうねりの中にある。

また，雇用問題をはじめ，住宅問題や脱炭素化，持続可能な資源利用の実現など，行政だけでは解決できない困難な課題にも直面している。

こうした社会状況は，新たな行政需要を生み出しているが，○市の財政状況は好調な経済状況の中にあっても先行きは不透明で依然厳しい財政運営を強いられている。

今，○市に求められていることは，急激な社会変動に的確に対応でき，多様な住民の要求に応えられる生活者の視点を施策の中に持つことである。

2. キメ細かい施策の展開を

○市は，今までも住民福祉の向上を目指し施策を展開してきたが，さらにキメ細かい施策を講じる必要がある。

まず第一に高齢化対策である。4人に1人が高齢者となった今日では，高齢者は特別の存在ではない。しかし，歩道には段差があり，幅員も狭いところが多い。これは，身体の動きが衰えた高齢者にとっては，大きな負担であり，自由な社会活動の妨げになっている。また，在宅介護の担い手であった家族，特に老老介護の状況があり，家族の介護力が低下してきているという実態がある。

第二に，定住化対策と空き家対策である。都心を中心に進行した業務地化は，古くから住み続けてきた人々が住みづらくなっている。特に，低所得の高齢者は老朽化した建物の建て替えもできず住み続けられない等の問題がある。さらに，独り暮らし高齢者が亡くなった後などの空き家の増加の現状がある。

第三は，行政需要の質的変化である。住民の高学歴化や女性の社会進出，それに伴う晩婚化や少子化などにより，住民の要求は多種多様になり従来の施策の枠組みでは対応しきれなくなっている。

さらに，生活水準の上昇の中で，心の豊かさやうるおいを求める人々も多くなり，行政の施策の中にも反映させる必要があるが，これに対して，職員の意識改革は十分ではない。

3. 人間性尊重の施策

超高齢化，少子化社会の中にあって人間性を尊重し，生活者の視点からとらえた施策を展開することが急務である。

> 採点者の目：全体にまとまりのある論文です。先進的な施策も常に考える必要があります。

そのためには，まず第一に，歩道の段差解消や歩道橋の撤去，地域ケア・在宅ケアの充実である。特に歩道の段差をスロープ化することは，高齢者だけではなく，車椅子を使用する障害者のためにも必要なことである。身体が少し不自由でも，高齢になって動きが不自由になっても自分の力で外出できることは，人間としての誇りにつながる。自立を支援する社会こそ人間性尊重の社会である。

また，住み慣れた地域・家庭で介護を受けることのできる支援システム，特にサービス供給主体となりうる福祉ＮＰＯ等の拡充とともに，地域ボランティアの育成も大切なことである。

第二に，定住化促進のための家賃補助と不燃化も含めた建て替え助成である。現在展開されている住み替え家賃補助制度なども，所得の見直しや，高齢者の独り暮らし優先割当など，さらに地域の実情や社会情勢にあったものに見直し充実していく必要がある。また，耐震性のある安全で良質な建築を促すことも重要である。

さらに，空き家対策として中古住宅の住み替え支援を行い，住宅リフォームの後に，賃貸促進のための仕組づくりをする。また，リフォーム後の中古住宅取得のサイト等により空き家を増やさない取組みをする。

第三に，タテ割組織の見直しと職員の意識変革である。ボーダレス社会といわれ，心の豊かさが求められている今日，従来のタテ割組織では対応が困難になってきている。福祉総合窓口や住民総合窓口などを設置している自治体もあるが，ワンストップサービス，出前型サービス，ツイッターなどＳＮＳを活用してさらに充実していく必要がある。また，組織を支える有能な人材を育成することも急務である。地域住民の考えを身近に感じとれる柔軟な思考を持つことは，生活者の視点を持つことにほかならない。多様化している住民の信託に応えるため，感度の良い職員の育成は，行政の責務である。

4．超高齢化・少子化社会を迎えて

激動する社会情勢の中にあって，多様化する住民ニーズに的確に応えるためには，何よりも地域を知り，住民を知ることである。そうすることによって，身近な○市だからこそできること，やらなければならないことが見えてくるはずである。

超高齢化・少子化社会を迎えて夢と誇りを持てるように，行政に課せられた課題に，私は，生活者の視点を持って積極的に取り組んでいきたい。

Q 35 社会経済環境の変化と自治体経営

★★

1. 求められる効率的な自治体経営

少子化や脱炭素化，高度情報通信ネットワーク化，長寿化社会などの社会経済環境の変化に伴い，子育て支援や生きがい対策などの新しい行政課題が次々と発生している。しかも，生活様式や価値観の多様化の中で住民のニーズは複雑・多岐にわたっている。その一方で，好調な経済状況の中でも各自治体とも税収の今後の見通しは予断の許される状況ではなく，依然として厳しい財政運営を余儀なくされている。

いま，民間では，この経済情勢の中で生き残りに懸命である。○市においても例外ではない。厳しい財政状況のもと，増加する地域の課題に積極的に対応するためには，人，モノ，カネの経営資源を有効に活用した効率的な行政運営が求められている。

今や○県もさることながら身近な○市にあって，その経営の真価を問われているのである。

2. 問われる行政の体質

○市は，効率的な行政運営を図るため，これまでにも行財政改革や事務改善を行い，一定の成果をあげてきた。しかし，それでもなお解決すべき課題は多く，次のような課題を抱えている。

まず第一に，コスト意識が希薄で事務事業のスクラップ・アンド・ビルドが十分進んでいないことである。時代の変化に伴い，住民にとって必ずしも必要でなかったり，優先順位の低い事務事業にも多くの人やカネがはりついている。

また，事業によっては，民間に委託したほうが効率的なものもある。例えば，選挙事務や給与支払事務，さらには，徴税督促事務，福祉事務所事務の委託などである。

第二は，縦割り組織の弊害が顕著になっている。

まちづくり，高齢化対策など複数の部門にまたがり，総合的な対応を要する行政課題が非常に多くなっている。しかし，縦割り組織特有のコミュニケーションの難しさやセクショナリズムからくる他の部門に対する無関心や非協力的態度により，部門間の協働が効果的に行われていない。

第三に，職員の政策形成能力が低いことである。

効率的な行政運営を図るためには，なによりも住民ニーズに的確に対応した施策を立案することが大切である。しかし，政策立案に携わる職員は，○市の内部でしか通用しない専門的・技術的な知識の取得に傾注しがちで，住民ニーズを的確に把握し，新たに発生する課題を解決するための創造力に欠けている。

採点者の目：題意に対する答えとしてはこの程度書けていれば十分だと思います。

3．効率的な行政運営のための方策

住民に身近な○市は，効率的な行政運営を図るため，以下のことを実行していく必要がある。

第一に，行政事業総点検（行政事業レビュー）で事務事業の見直しを行い，組織のスリム化を図っていくことである。

そのためには，事務事業を見直す基準を明確にし，費用対効果を正確に把握することである。例えば，施設における利用状況や利用する層を点検し，効果のあがらない施設は，住民の理解をよく得たうえで，他の施設に転換したり，統合する等の手段を講じる。

また，民間の活力を活用したほうが効率的な事業は，指定管理者制度やＮＰＯの活用など適当な支援策や関与の方法を留保したうえで極力アウトソーシングする。

第二は，行政の総合力を発揮できる組織づくりとその運営である。

ライン組織の縦割分化による専門性を生かしつつ，その硬直性を打破し，組織の総合力を高めるには，メンバーの自主性を重んじるプロジェクトチームの活用等，組織の動態化を図っていく必要がある。

総合的な対応を要する行政課題ごとに，プロジェクトチームを設置し，各部門間の連携や協力関係を強化していくことである。

また，企画部門などの全庁的スタッフ部門にシンクタンクとしての機能充実を図り，企画，立案，調整機能を強化していくことも大切である。

第三に，職員の政策形成能力を高め，それを発揮させる組織風土を形成することである。民間企業などへ職員を派遣させるなどして，そこでの仕事の仕方や取り組みの姿勢などを学び，積極性や創造力を養成していくことが必要である。また，職員提案制度を実施し，政策立案段階での職員参加の機会を増やしていく。提案制度では提案者の事業参加等も考える。

さらに，業績に対する評価制度を改善し，実績をあげた者が相応の評価を受けるようにする。

4．豊かな地域社会の実現に向けて

○市は，時代の変化に機敏に対応し，豊かな地域社会を実現することを最大の目的としている。

不安定な経済情勢は，地域や住民生活に様々な影響を及ぼし，その前途に不安を感じさせている。このような時期こそ，○市は，財政危機をのり越え，住民福祉の増進を図り，豊かな地域社会を築いていかねばならない。そのためには，今まで以上に，効率的な行政運営に努める必要がある。

Q 36 行財政運営の効率化

★★★

1. 求められる行財政運営の効率化

好調な経済状況の中でも，税収の今後は予断を許さない状勢である。そのような状況にあって，○市は，依然厳しい財政運営を迫られている。

一方，行政を取り巻く状況は高齢化の加速や脱炭素化の潮流等，社会環境の変化により厳しさを増している。特に，住民意識は多様化するとともに，精神的豊かさへと目を向けている。

こうした中で，住民の信託に応えた行政運営を展開するためには，財政状況の厳しさを踏まえ，より効率的な行財政運営を推進することが必要不可欠である。

そのためには，事務事業の簡素効率化の徹底はもとより，民間活力や地域資源を積極的かつ効果的に活用することが，施策の重要な柱となる。

2. 財政運営上の課題

住民のニーズに的確に対応した施策を展開する上で，行政は財政運営の面で，次の課題を解決していく必要がある。

第一に，職員の中で，コスト意識が徹底していない点である。

給料や生活に直接影響しない分，民間企業に比較して役所は経営感覚に乏しいとの指摘があり，それが住民からの十分な信頼を得られない原因の一つとなっている。

社会の変化が著しい今日，変化を敏感に捉え，職員自らの創意工夫により課題を解決することなくして，行政の発展は望むべくもない。

第二に，前例踏襲的な予算要求が行われ，政策転換が十分に図られていない点である。

昔から型にはまった不要不急の事務作業や形骸化した事務手続が未だ見直されていない場面も多い。

これでは，住民のニーズにあった施策を展開しようとしても，施策の重要性にメリハリがつかず，重点的な予算配分が行えない。

第三に，行政の運営にあたり民間活力の導入が不十分な点である。

限られた財源の中で，住民の思いや地域の要望を行政に反映させるためには，民間活力を効率的かつ積極的に活用する必要がある。

しかし，住民の声を的確に捉えられる体制は今なお，築かれている

採点者の目：まとまりのある論文ですが，斬新な提案も必要だと思います。

とは言い難い。

3．住民サービスの向上をめざして

○市政は，厳しい財政の中で行政運営するにあたり，住民サービスを向上させるという視点に立って，次の施策を進める必要がある。

第一に，職員の意識改革を図ることである。そのためには，計画的・体系的に職員の能力の向上を図っていくことである。

その上で，職員を事業計画や実施計画の策定に参画させ，事業推進者であることを自覚させていく。

さらに，民間企業への体験研修の機会を設け，民間の厳しさを肌で感じとる経験を積ませることも視野を広める意味で有用である。

第二に，事務事業の分析，評価を行った上で，事業を見直し，スクラップ・アンド・ビルドの徹底を図っていく。

その際，施策の優先順位を明確化し，重点的な予算配分を行うことである。

さらに行政のデジタル化に馴染む作業は積極的にシステム化を推進するが，同時に単なる機械処理化に止まり簡素化を伴わないものにならないようこれを検証することも必要である。

第三に，事業における指定管理者制度やＮＰＯ等の活用を含め，地域とのネットワークを強化することである。

そのためには民間のボランティアや，地域に潜在する高度な技術を持つ住民の掘り起こしを図り，これらのネットワーク化に向けて，積極的な支援を行い続けなければならない。

さらに，住民の思いを効率的に行政に反映させるため，日常の住民との接触を通じて，自治体と住民とのツーウェイコミュニケーションを構築していく。

4．いまこそ行政見直しの千載一遇のチャンス

先行きが不透明な景気情勢の中で，住民の行政に対する期待は一層高まっている。

そして，限られた財源の中で住民の生活を守り，新たな課題に対応していくことこそが行政に課せられた使命である。

私は管理職員として，この厳しい時期を，組織のあり方や施策の方向性等を見直す好機と捉え，内部努力に励みたい。

Q 37 政策形成と組織のあり方

1. 社会の変化と自立する身近な政府

超高齢化や高度情報通信ネットワーク化，脱炭素化の潮流など行政を取り巻く社会の環境は，大きく変化している。また，この変化に伴って，住民の行政ニーズが増大し，多様なものとなっている。

自治体は，住民に最も身近なサービス提供者として，社会環境の変化に的確に対応し，安全で快適な地域社会を築いていく重要な使命を負っている。

一方，不透明な経済情勢の中で，住民ニーズに見合った財源の確保が困難となっている。

このような状況の中で，自治体が住民の要望に応えていくためには，これまで以上に組織を活性化させ，政策の質を高めていかなければならない。地方分権改革が推進される中，身近な自治体が財政問題など中央からの自立の道を歩むためには，様々な問題に対処できる新しい行政を担う組織を再構築することが，緊急かつ重大な課題である。

2. 政策形成の阻害要因

住民に身近な○市が，厳しい財政状況の中で最良の政策を形成していくうえで次のような阻害要因がある。

第一に，組織のタテ割に起因する問題である。

2022年，日本は，人口の29.1％が65歳以上の高齢者になった。しかも，そこに至るまでのスピードは，他国をはるかに上回る。住民に身近な○市は，このような事態にスムーズに対応していかなければならない。ところが，現在の組織では，福祉，保健，医療，まちづくりの対策がタテ割で行われており，個々の高齢者に対して総合的なサービスが提供できていない。このように，行政内部のセクショナリズムは，情報を共有できず，対応がバラバラで問題解決への意思疎通に欠ける。

第二に，多様化する住民ニーズを政策に充分反映できていない。

近年，住民の価値観は多様化しており，自治体に対して新たな行政サービスを求めている。ところが，身近な○市は，多様化したニーズを的確に把握する手段が不十分であり，画一的な対応をしている。

第三に，職員がプロとして，政策マンとしての意識が低いことである。

時代が大きく変わろうとする今，職員は，決められた事務をルーティンワークのようにこなす事業執行マンから，常に自分の地域について考え，問題を発見し，政策提案のできる政策マンが求められている。ところが，多くの職員に

採点者の目：鋭い切り口の視点や斬新な施策があるとさらに良いと思います。

は，課題に対し前例を踏襲したり，他の自治体と横並びになろうとする姿勢がみられる。地域の課題は，その地域特有のものが多く，前例主義や横並び主義では新しい課題や地域の特性に応じた課題に取り組むことができない。

3．効率的な行政運営のために

○市は，社会環境の変化に敏感に対応し，住民福祉の向上を図っていかなければならない。そのためには，次のような方策で効率的な行政運営が必要となる。

第一に，タテ割組織の壁を克服し，ヨコのネットワークを構築していくことである。

総合力が求められる現在，組織間の連携が重要になってきている。そのため，行政情報を共有化して効率的に利用できるＩＣＴとＡＩを活用した総合情報システムの構築が必要となる。さらに，相互に関連する課題については，部署の壁を取り払いプロジェクトチームを編成させ問題解決にあたらせる。

第二に，政策形成の過程において，住民の意思を適切に反映させていくことである。

地域の課題を住民に情報提供し，住民と共に考え，その解決策を検討し，具体的な施策を実施していくための体制が必要である。そのためには，行政と住民との懇談会，モニター制度やインターネット，ＳＮＳなどを利用した世論調査，住民投票などを活用し，住民の声を政策に反映できるようにする。

第三に，職員の意識改革と能力開発を進めることである。

多様化する住民ニーズに対応するためには，職員に地域の特性を熟知し，最適な政策を提示することが求められる。そのためには，問題を発見し，分析し，政策立案のできる能力の開発が基本要件となる。この能力を涵養するには，職員に政策研究や「考える研修」を多く取り入れ，政策マンづくりに力を入れなければならない。サービス産業である自治体は，人材育成に大胆な投資をしてこそ地域の発展に結びつく。

4．地域福祉の向上をめざして

これからの自治体は，公共企業としての鋭いビジネス感覚とマーケティングの発想が求められる。良い商品（公共サービス）を提供しなければ，買い手（納税者）からは厳しい批判を浴びることになる。

○市は，このことを肝に命じ，住民が安心して住み続けられるよう，行政サービスや組織の改善に不断の努力を続けていかなければならない。

Q 38 これからの行政運営と行政組織のあり方

★★

1. 今，求められる行政組織の変革

地方分権・地方創生の時代を迎え，地域の実情に合った行政運営を進めるために行政組織の変革が求められている。

社会の成熟化に伴い，住民ニーズは多様化しコロナウイルス感染症の広がりの中で人々の意識も大きく変化している。中央主導による画一的な行政では，こうした多様化，変化に対応できなくなってきた。また，厳しい財政状況が続く中，より適切な政策選択が求められている。これからの○県政運営にあたっては誰もが心豊かに暮らせる地域づくりを目指して，これまで以上に地域の実情に応じた政策を展開していくことが重要となってくる。そのためには住民との協働により，主体的に政策を形成し，効率的に実施していけるよう，行政組織を変革していかねばならない。

2. 政策志向型組織への課題

○県が，自立した政策立案・実施主体として行政運営を進めていくために，以下の組織上の課題を解決しなければならない。

第一に，総合的な行政を展開できる組織が求められる。

中央官庁の縦割りをそのまま踏襲した組織では，市民生活の課題に総合的に対応することが困難である。高齢化，まちづくりなど多くの課題は福祉・衛生・教育など複数の所管が重複して対応し，相互の連携も取りにくい。

また，縦に長いピラミッド型の行政組織は変化の早い住民ニーズにきめ細かく対応するには時間がかかり過ぎる。

第二に，住民に最も身近な組織が地域特性を踏まえた政策を形成できる態勢と力量を備えることが求められる。

これからの行政運営においては地域の課題解決のために職員と住民が知恵を絞って政策を作っていかねばならない。しかし，これまで職員，ことに現場の職員には事務処理能力の育成が重視されて政策形成能力が求められる機会は少なかった。このため職員の政策形成能力が十分育っているとは言いがたい。

第三に，政策の企画段階からの住民参加を保障し，そのためには住民に開かれた組織が求められる。

審議会など，既存の住民参加制度は委員の人選，審議過程などが開かれたものになっていないことが多く形骸化しがちである。また，各種の計画策定において住民を策定委員に加えるところはまだ少数である。

採点者の目：大変良くできています。ここまで書ければ十分です。

3. 生活優先のまちづくりを担う行政組織

○県は住民との協働により真に豊かな地域を築いていくため以下により，組織を再構築し，強化していかねばならない。

第一に，市民生活の視点に立って総合的な行政を展開するために柔軟な組織を作ることである。

中央官庁の縦割り組織にとらわれず，○県の課題に応じて組織を再編成する。複数にまたがる部・課の連携を必要とする課題に対してはメンバーの自主性を重んじたプロジェクトチームなどの動態的組織を大幅に取り入れる。また，中間管理部門をできるだけ縮小して権限を現場に委譲し組織のフラット化を図る。さらに，各組織が持つ行政情報をデータベース化して情報を共有する。

第二に，住民の声やニーズを的確に捉え，政策形成に生かすため，住民に身近な現場組織の態勢づくりと職員の能力開発に努めることである。

住民の声に一番近い部署は窓口職場や公共施設であるから，こうした現場の職員が政策形成に積極的に関われるよう職員参加の態勢づくりを進める。また，職場内外の研修やジョブローテーションを通して職員が学ぶ機会を持つとともに，地域のニーズに合わせたボランティア休暇や勤務時間のフレックス化を導入し職員自身が地域社会の一員としての生活体験を豊富に持てるようにする。

第三に，住民参加のための多様な機構やルートを確立し，住民とともに考える組織に変革していくことである。

まず，情報公開制度の充実と，ＮＰＯなど住民団体への活動拠点等の提供による支援で住民参加の前提条件を整備する。次に，例えば観光，少子化対策，脱炭素化・リサイクル・高齢者福祉など課題別に市民委員会を設置し，政策の企画段階から住民の意向を吸収できるシステムを作る。審議会や各種の計画策定委員には公募制を取り入れる。そこでの審議のプロセスを中間報告として広報などで公開し，住民からの意見を聞く。

4. 新しい時代を拓くために自己変革を

これからの行政運営に何より求められるのは主体性である。自治権が拡充されれば住み心地のよいまちを目指して自治体間で政策を競い合うようになる。横並びや前例踏襲といった安易なやり方は通用しない。行政組織を構成する一人ひとりの職員の自覚が問われる。私は管理職員として，職員の先頭に立ち，地方自治の新しい時代を拓いていくために努力する決意である。

Q 39 行財政運営と職員のあり方

★★

1. 一層の効率化が求められている

超高齢化社会の進展，高度情報通信化の進行，脱炭素化の潮流等，今日の○県政をめぐる情勢は大きく変化している。住民の価値観の多様化も進み，行政需要は，福祉・まちづくり・コロナウイルス感染症対策などにおいて顕著に増え続けている。

一方，○県の行財政運営は試練のときを迎えている。不安定な景気情勢の中で，事業の縮小，繰り延べを余儀なくされている。

○県はこれまでにも最小の経費で最大の効果を上げるべく行財政運営に取り組んできたが，今後，限られた財源で多種多様な住民ニーズに応えていくためには，一層の効率化が求められている。

行財政運営が円滑に実施され成果をあげていくためには，職員の積極的な取り組みが不可欠である。

2. 必要な職員の意識改革

○県が，効率的で地域の実情に合った行財政運営を進めて成果を得るには，職員のあり方で次のような問題点がある。

第一に，事なかれ主義に陥りやすいことである。高齢化・国際化の進展，人口問題，都市構造の変化などに対応して，今まで以上に地域の特性にそった施策展開が求められてきている。しかし，前例の踏襲，他自治体との横ならび，国の方針待ちなど，相変わらず職員に根強い消極性が見られる。これでは社会の変化や地域社会の実情にあった迅速かつ的確な行財政運営はできない。そればかりか，行政課題解決の機会を失うことにもなりかねない。

第二に，住民とともに歩もうとする意識が低いことである。脱炭素，駐輪，福祉など，これからの行政運営で力を入れていかねばならない課題については，一層住民の協力が不可欠になってくる。しかし，抜き難い「お上」意識が職員に残されているため，住民の声に十分に耳を傾けているとは言えない状況がある。

第三に，組織を超えた発想に乏しいことである。かつてほどではないが，現在もタテ割行政の弊害が随所に見られる。所属の課・係の仕事さえうまくいけば良く，他の職場に口出しはしないかわりに，自分のところのことにも口をはさんで欲しくない，とする風潮がある。しかし，住民の暮らしに関連する事業

採点者の目：解決策で触れている委託については，指定管理者制度，ＮＰＯへの委託等を吟味して書くとなお良いと思います。

の各所管が，相互に連携を図らず，個別に対応したのでは，住民ニーズにそった，効率的な行財政運営の実現は到底おぼつかない。

3. これからの職員のあり方

これからの行財政運営を担う職員には，次のような取り組みが求められている。

第一に，政策形成能力の向上を図ることである。住民が暮らしている地域の実情は，その歴史，人口構成，まちのつくりなど，一様ではない。これからの行政は，地域特性を踏まえた施策展開が求められている。そのためには住民と膝を交えた協働のまちづくり体験などを通じて，住民ニーズの的確な把握，施策への反映が重要である。また，政策形成能力の向上に資する研修を積極的に受講することも有効である。

第二に，地域社会のコーディネーターになることである。これからの地域社会では，ＮＰＯ，ボランティアをはじめ，住民の自主的な活動が不可欠である。職員には市民活動を支援し，ともに新しい地域社会をつくっていく役割がある。そのためには行政情報を積極的に提供・公開し，住民同士の情報交換や行政への住民参加を促進するための条件整備を図っていく必要がある。職員は，「お上」意識を払拭し，一市民の目線での取り組みが求められている。

第三に，行政全体で問題解決にあたる視点を持つことである。たとえば，最近の高齢者対策に見られるような，福祉・保健・医療の関連所管の連携は，高齢者の実態を踏まえた対策であるとともに効率的な行財政運営でもある。このような組織横断的な対応を，他の対策においても，積極的に取り組む必要がある。また，民間に任せたほうが，より効率的な執行ができるものは委託を進めるなど，総合的に事務事業の見直しを図るべきである。

4. 地域住民とともに

地方分権・地方創生が推進されつつある今日，職員は地域の実情に即して，きめ細かく実効ある施策を進めていかなければならない。

行財政運営の効率化は，単なる事務の省力化や経費の節減を進めることではない。住民福祉を一層向上させるための手段である。したがって，住民本位の視点で効率化を進め，住民とともに豊かで暮らしやすい地域社会の実現に向けて取り組んでいく必要がある。

Q 40 地方分権の時代にふさわしい行政運営のあり方

★★★

1. 動き始めた「地方分権」

これからは地方分権・地方創生の時代である。今こそ住民自治の充実に向け行政運営の変革が求められる。

社会の成熟とともに住民ニーズは多様化し，開発優先から生活優先へと人々の意識も大きく変化している。中央主導による画一的な行政では，こうした多様化，変化に対応できなくなってきた。このため各自治体がそれぞれの地域の実情にあった政策を，住民との協働により行っていくことが求められている。また，身近な政府である○市が市民生活に大きな権限と責任を持つことにより，政治と行政に公正性・透明性が高まることが期待されている。市民生活に第一義的な責任を持つ○市は，住民自治の充実により真に豊かな地域づくりを行うため，主体性をもって行政運営を変革していくべきである。

2. 今，求められる行政運営の変革

○市が住民とともに豊かな地域を作るためには以下の課題を解決しなければならない。

第一に，総合的な行政を展開できる組織が求められる。

中央官庁の縦割りをそのまま踏襲した組織では，市民生活の課題に総合的に対応することが困難である。高齢化，まちづくりなど多くの課題は福祉・衛生・教育など複数の所管が重複して対応し，相互の連携も取りにくい。

また，縦に長いピラミッド型の行政組織は変化の早い住民ニーズにきめ細かく対応するには時間がかかり過ぎる。

第二に，職員一人ひとりが地域特性を踏まえた政策を形成する力量を持つことが求められる。

地方分権・地方創生の時代においては地域の課題解決のために職員と住民が知恵を絞って政策をつくっていかねばならない。しかし，これまで職員には，事務処理能力の育成が重視されて，政策形成能力が求められる機会は少なかった。また，企画部門においても企画より調整機能を遂行することが多い。このため職員の政策形成能力が十分育っているとは言いがたい。

第三に，政策の企画段階から住民が参加するための多様なシステムを行政運営の中に位置づけることが求められる。

住民参加は住民が地域の問題を自らの問題としてとらえ，解決する住民自治に不可欠のプロセスである。しかし，審議会などの住民参加制度は委員の人選，審議過程などが開かれたものになっていないことが多く形骸化しがちである。

採点者の目：大変良い。「分権」は書きづらいテーマだと思いますが良く書けています。

3. 生活優先のまちを作るために

地方分権・地方創生の時代を迎えた○市は，以下のように行政運営を変革していくべきである。

第一に，市民生活の視点に立って総合的な行政を展開するために柔軟な組織を作ることである。

中央官庁の縦割り組織にとらわれず，自治体の課題に応じて組織を再編成する。複数にまたがる部・課の連携を必要とする課題に対してはメンバーの自主性を重んじたプロジェクトチームなどの動態的組織を大幅に取り入れる。また，中間管理部門をできるだけ縮小して権限を現場に下ろし組織のフラット化を図る。さらに，各組織が持つ行政情報をデータベース化して情報を共有する。

第二に，生活者の視点を大切にした政策形成ができるよう職員の意識改革と能力育成に努めることである。

このためには，職場内外の研修やジョブローテーションなどを通して職員が学ぶ機会を持つとともに，ボランティア休暇や勤務時間のフレックス化を導入し，職員自身が地域社会の一員としての生活体験を豊富に持てるようにする。また住民の声に一番近い部署は企画部門ではなく窓口職場や公共施設であるから，住民ニーズにきめ細かく対応するにはこうした現場の職員が政策形成に積極的に関わらねばならない。

第三に，住民自治を充実させるために，住民投票も視野に入れた様々な住民参加の制度を行政運営の基本として定着させることである。

まず，情報公開制度の充実と，ＮＰＯなど住民団体への活動場所・情報の提供による活動支援などで住民参加の前提条件を整備する。次に例えば自転車の駐輪対策・脱炭素・高齢者福祉・観光など課題別に市民委員会を設置し，政策の企画段階から住民の意向を吸収できるシステムを作る。審議会など諮問機関や各種の計画策定委員には公募制を取り入れる。そこでの審議のプロセスを中間報告として広報などで公開し，住民からの意見を聞く。

4. 自主自律の気概が新しい時代を拓く

地方分権・地方創生の時代，行政運営に携わる職員に何より求められるのは，住民とともに責任をもって地域づくりを担う気概と，主体的に自己を変革させるパワーである。これまでは，権限が無いことを理由に前例踏襲や横並びで済ませる傾向も見られた。しかし，これからは住み心地のよいまちを目指して自治体間で政策を競い合う時代となる。私は管理職員として，職員の先頭に立ち，地方自治の新しい時代を拓いていくために努力したい。

Q 41 地方分権の推進とこれからの自治体行政

★★★

1. 独自性が求められる自治体行政

かつて，人々が経済的豊かさを追求していた時代，行政サービスは全国均一的に拡充が進められた。そして，一定の行政水準に到達し，社会の価値観が多様化する今日，自治体には，地域特性を生かした独自性が求められている。令和○年の当初予算では，地方財政計画の自治体総事業費が約18兆円と，初めて国の公共事業費の２倍を上回った。真に地方の時代が現実のものとなりつつある。

こうした中，依然として厳しい財政状況にあって，○市は，地域福祉や環境問題など，多くの課題に直面している。○市は今こそ，自らの政策形成能力に磨きをかけなければならない。そして，地域に根ざす行政主体として，住民とともに，地方分権・地方創生を進める必要がある。

2. 政策形成者としての意識の不足

これまでも○市は，様々な施策を通して市民生活の向上に努めてきた。しかし，地域社会の将来を担う政策主体として，次の解決すべき課題を抱えている。

第一に，職員に，政策形成の当事者としての自覚が不足していることである。第一線の職員は，日々の仕事に追われ，じっくり考える時間がないのが現実である。また，職員に対して，政策形成能力よりも事務処理能力を求める傾向が強い。それが，前例踏襲や通達主義を生む土壌ともなっている。そして，実績が反映されにくい賃金体系の中で，職員は問題意識を抱きにくくなっている。

第二に，政策形成の過程で，市民参加が充分でないことである。情報公開の制度化をはじめ，住民との情報の共有化を進めているが，広報活動は，住民に事実を知らせるだけにとどまっている。一方，法律は，広聴会や直接請求など，住民参加制度を整備している。しかし，これらの制度は，住民の意向を行政に反映するには，日常的とはいい難い。

第三は，独自性に溢れた政策形成能力を育む組織体制が確立されていないことである。依然として縦割り組織が維持され，枠にとらわれない自由な発想がしにくい。また，事務事業の外部委託に際し，調査研究まで委託している傾向がある。そして，熱意に満ちた政策研究グループがあるが，成果を発表できる場が極めて少ないのが現状である。

3. 住民本位の政策形成に向けて

限られた財政資源を有効に活用し，豊かな地域社会を築く。そのために，○市は次の施策に努めなければならない。

採点者の目：わかりやすく良くまとまっている論文です。このレベルで合格論文だと思います。

第一に，すべての職員が，政策形成の当事者としての自覚と責任感を持つことである。日常業務のあらゆる判断や決定が，政策形成そのものだからである。そのために，定型業務のマニュアル化を進め，その結果生まれた時間を住民対応や事業方針の検討にあてる。そして，住民折衝を想定した対話研修や企業との合同研修をとり入れ，職員の企画調整能力の向上を図る。さらに，人事管理面で実績を重視し，職員の意欲を高めていく。

第二に，住民とともに，○市政を進めていくことである。住民参加なくして，住民本位の行政の実現はあり得ない。そのために，厳格な個人情報保護のもとに，電子情報を新たな公開範囲に加えるなど，情報公開制度の充実を図る。広報活動をこれまでのお知らせ型から問題提起型に移行する。そして，行政が直面する課題を提示しながら，住民とともに解決策を考えていく。さらに，まちづくり協議会など，住民参加機構を支えるため，ＩＣＴを活用した情報提供や資金援助を継続的に行っていく。

第三に，創造性に満ち，将来を見据えた政策を形成できる組織を確立することである。そのために，従来の縦割り組織にとらわれず，メンバーの自主性を重んじたプロジェクトチームなどの横断的組織を活用する。そして，総合的施策を展開していく。また，事務事業の外部委託に一線を引き，調査研究など政策分野については，職員に委ね，組織としての政策形成能力の維持向上を図る。さらに，自主研究グループが成果を発表できる場を用意し，優れたものは予算化するなど，政策として結実させていく。こうして，組織の潜在能力を掘り起こし，組織の活性化を図っていく。

4. 住民とともに築く地方の時代

地方分権・地方創生という大きな流れの中で，○市は今，その力量を問われている。今後，住民の期待に応えていくには，自治体同士が横並び意識を払拭し，政策を競い合っていく必要がある。

一方，○市は厳しい財政状況の中，住民の要望にあまねく応えていくのは難しい。これまでの施策を見直すとともに，真に有効な施策を選択しなければならない。そのためには，住民の切実な想いを肌で感じとるため，住民の懐に飛び込んでいく気概が大切である。こうした自覚とたゆまぬ努力によって，必ずや豊かな地方の時代を築くことができるものと確信する。

Q 42 分権化と自治体職員のあり方

★★★

1. 地方分権時代の到来

これからは地方分権・地方創生の時代である。現在では，第○次地方分権一括法が成立し，地方分権化への本格的な取組みが進んでいる。

今こそ，国と地方自治体は，各般の行政を展開する上で，役割分担を明確にし，自治体の自主性と自律性を高め，個性豊かで活力に満ちた地域社会の実現を図ることが求められている。住民に最も身近な政府である○市は，地方分権の推進を図り，安心して住める地域づくりのために，大きな責任を担っていかなければならない。

2. 地方分権のメリット

「３割自治」という言葉があるように，自治体の事務の大半は，国の許可・認可等を要するものが多い。その結果，事前の説明や非公式の協議などに多大な労力と時間を費やすことになる反面，自治体の創意工夫の余地を少なくしている。地方分権の推進は，自治体の事務を，自治体の判断と責任で計画し，執行することにほかならない。その結果，行政の即応性・柔軟性・総合性が発揮され，地域のニーズに的確に応えることができるのである。

例えば，高齢者のショートステイ事業は，国の基準では○ベッドを確保しなければ補助金の対象とならない制約がある。しかし，大都市など地価が高く，まとまった用地が確保しにくい状況では，補助を受けられないという問題がある。この制約を取り払えば，地域の状況や高齢化率の差異等に応じた小規模施設の建設が促進され，地域の実情に応じた施策展開が可能となる。また，小・中学校とデイサービスセンターの複合化における国の関与を排除すれば，地域福祉サービス充実の促進剤にもなる。

さらに，国の認可が必要な市街地開発事業や省庁間でタテ割りとなっている不燃化事業・区画整理事業が，自治体独自の判断で執行できることにより，個性的なまちづくり事業や防災都市づくりへの総合的な対応が可能となるのである。

3. 求められる職員の意識改革

地方分権は，国という大きな庇護の下を脱し，自治体が独り立ちすることである。従って，これからは，行政サービスにおける自治体間

採点者の目：3割自治など説明の箇所がやや気になります。採点者が良く知っていることの説明部分は迫力が乏しくなります。

の格差が顕在化すると同時に，競争の時代を迎える。真の分権を確立するために，次のことが不可欠である。

第一に，職員が政策形成能力を持つことである。地域の現状と問題を的確に把握し，地域の行政ニーズを掘り起こしていく能力，即ち自ら考え，自ら政策を企画・実行する能力が求められる。従って，これまで民間のシンクタンクに委託されてきた調査企画業務は，○市職員が自ら行うことが必要である。その結果，職員は自律性を体得するとともに，地域に根ざした政策形成が可能になるのである。

第二は，政策法務職員を養成することである。条例は，ともすれば国の法令を地域で執行するための補助的な手段と考えられていた。

分権化が進めば，条例制定は，○市における政策選択の結果として重要な意味をもつ。

条例の策定には，課題の発見，政策構想，行政手法の選択など一連の政策形成能力が必要である。また，時として，住民が嫌がることでも，市が責任をもって施策の執行にあたらねばならないことも覚悟しなくてはならない。これからは，執行に際して考えられる不服申立てや訴訟などに対処するための能力も兼ね備えなければならない。そのためには，法務研修の拡大を図ることをはじめ，「政策法務課」といった組織をつくり，優れた政策法務職員を育成・確保することが必要である。

第三は，行財政運営能力の向上を図ることである。分権化が進み，従来のように，国の補助金が期待できる施策を優先して選択しなくともよくなれば○市独自の政策選択が可能となる。同時に適切な予算措置や資金計画を定立し，その実施の結果には，より一層厳しい責任を問われることになる。そのためには，○市職員は，施策の実施にあたって，便益と費用の関係を住民にわかり易く説明し理解と協力を求める努力をしなければならない。

4.　豊かな地域社会の創造を

○市を動かし，運営していくのは，とりもなおさず○市職員である。職員は，地域住民と協働しながら，コーディネーターとして，豊かな地域社会を築かなければならない。

Q 43 地域情報化と自治体行政

★★★

1. 情報化の進展と地域社会

Ｗｅｂ会議やテレワークという言葉が連日のようにマスコミに登場している。これからの日本の基幹産業はＩＣＴ（情報通信技術）関連であるとの声も高い。日本においても，コロナ禍でテレワークやオンライン学習の普及など，ＩＣＴをめぐる状況は過熱する一方である。

しかし，高度に発達した情報化により，利用する者にとって，どのようなメリットが生じるか，地域社会がどのように変化するか，必ずしも明確ではない。

行政としては，ＩＣＴを活用し，地域に住む人々が豊かに暮らせるようにすることが，重要な情報化への対応といえる。そのため行政は，災害時の生活情報の確保や，まちづくりに参加するための情報提供等，利用者の立場でのシステム作りが求められている。

2. 地域情報化の課題

防災や福祉のまちづくりなど，住民が安心して暮らせるまちを実現するため，情報化に寄せる期待は大きい。しかし，地域情報化の進展に当たり，次のような課題がある。

第一に，情報通信基盤が災害に対して脆弱なことである。東日本大震災において，正確かつ迅速な情報が途絶えたため，的確な避難ができないなどの教訓があった。

また，被災者に一番必要なものは，正確な情報であるといわれている。しかし，きめ細かな情報提供が行われず，有効な災害復興やボランティア活動に結びつかなかった。

第二に，効率的に住民に情報を提供するシステムが確立されていないことである。行政の組織は縦割組織が中心であり，相互の連携が十分とは言い難い。そのため，住民に対して総合的に情報を提供するシステムとなっていない。また，住民が必要な時に必要な情報を簡単に入手できないこともあり，情報を持てる人と持てない人との格差も生じてきている。

第三に，個人情報の保護や安全対策などの情報管理が，行政組織や職員に徹底されていないことである。そのため，個人情報が外部に漏洩し，○市の情報管理が問題になったこともある。また，ネットワーク社会が進展するにつれ，データの改ざんやプログラムの不正入手等の犯罪が生じている。○市政は情報保護対策と救済方法を早急に確立することが求められている。

3. 豊かな地域社会を実現するため

住民一人ひとりが，地域の情報を有効に活用し，豊かな社会生活を送ること

採点者の目：情報化は常に新しいデータの知識が必要です。研究してください。

ができるよう，行政は次のように課題に取り組むべきである。

第一に，災害に強いシステムを構築することである。通信網を光ファイバー等の地上系に頼るのではなく，ツイッター，コミュニティＦＭ局や衛星通信を利用したものを，行政のクラウド化を通して○県や近隣の自治体と協力して推進する。また,パソコン通信の草の根ネットと呼ばれる一般のネットワーカーを,災害時のボランティアとして登録を募る。こうして通信網を立体化していくことで，災害時の情報寸断等に対処する。さらに，様々なメディアを活用するための情報センターを作り，地域の草の根ネットや企業・住民も含めた総合的な情報通信の基盤整備を図る。

第二に，行政が保有している情報を，ＩＣＴを利用していくことで効率的な住民サービスを実現することである。そのため，先進的なオンライン診療やオンライン学習を採り入れていくなかで，障害を持つ人や高齢者も在宅のまま利用できるようにする。また，携帯用の端末を現場の職員に持たせて連携を密にしていくことで，保健・医療・福祉の統合を図る。公共施設予約システムや図書館情報ネットワーク等を整備し，行政の催しや施策情報などを発信する端末を，地域センター等に配置する。こうして，住民に対する情報格差を解消し，等しく利便性を享受できるようにしていく。

第三に，住民の信頼を得るために，情報管理の徹底を図ることである。個人情報については，条例に基づいた管理と，職員の情報管理の重要性についての意識改革を進める。それとともに，事務内のセキュリティについてもう一度見直しをしながら，安全確保の体制を周知させる。各種通信によるコンピューターウイルスの予防のため，データの不正コピーや私製データを用いない等の管理運用基準を徹底させる。

4.　インターネットの時代に向けて

インターネットの普及とともにこれからの情報技術は，テレワークやＷｅｂ会議など，想像もつかない速さで進んでいる。一昔前の実態の見えなかったニューメディアと違い,ＩＣＴは国を挙げての,経済や社会の活性化のキーワードとなっている。

行政としては，住民が等しく情報化のもたらす恩恵を享受できるように配慮しつつ，情報の発信を行っていくべきである。

そして，災害に強い住みよい豊かなまちをつくるため，行政と市民，企業が協力しながら，地域情報化に対応していくことが，今，行政に求められているのである。

Q 44 豊かな市民生活とＩＣＴの活用

★

1. 動き出した暮らしの中のＩＣＴ（情報通信技術）による情報活用

地域の中で，人と人とが豊かに交流を持つ人間らしい生活を実現するためには，ＩＣＴによる情報の活用が不可欠である。

ＩＣＴの活用は情報化社会の進展と，情報公開制度の浸透などにより行政における新しい課題となってきた。また，これまで産業経済の分野を中心に進んできた情報化は，地域社会や住民生活にも大きな影響を与え始めている。住民が地域で心豊かに生活していくためには，コミュニケーションが活発な魅力ある地域社会を形成することが必要である。市民生活に第一義的責任を持つ市政は住民が他者との豊かな交流を持てる地域社会を築くためにＩＣＴによる情報を積極的に活用すべきである。

2. 求められる「人と人とのつながり」

○市がＩＣＴによる情報を活用して豊かな市民生活を実現するためには以下の課題がある。

第一に，住民へのＩＣＴによる情報提供機能を向上させることである。

広報やホームページをはじめとして市は大量の情報を住民に提供している。しかし，各事業についての住民からの問い合わせには，直接担当するセクションでないと応えることは難しい。これは行政情報が縦割りの組織ごとに蓄積・管理されるため，他の部･課の情報が職員どうしでも把握しにくいからである。このため，所管がわからないと迅速かつ正確な情報提供ができず，電話のたらいまわしなども起こり得る。

第二に，住民相互の交流を促進することである。

地域社会に親しく話せる仲間がいることは住民の生活を豊かにするための大切な条件である。しかし，現代社会の忙しさや他人の生活に干渉しない都会の風潮は近所付き合いをも希薄なものにする。また，高齢者や障害者，外国人などハンディを持つ人々は地域のなかで孤立しがちである。さらに乳幼児を持つ母親や介護を要する家族を抱えた人々も地域に仲間を必要としている。

第三に住民自身が地域運営に係わる住民参加を促進することである。

自分の住むまちを自分たちでつくりあげることは，社会の構成員としての充実感につながる。住民参加には情報が市と住民の間で双方向に流れることが必要である。しかし，現在では市からの情報は問題提起や意思決定過程での情報は少なく，既に決定されたことを一方的に伝えるものになりがちである。

3. コミュニケーションの活性化を目指して

誰もが他者とのふれあいをもち，心豊かに暮らせる社会を実現するため，○

> 採点者の目：ＩＣＴ関連の出題に対しては，日頃の情報収集が不可欠です。

市は以下の施策に取り組むべきである。

第一に，住民が必要とする生活関連情報を一元化してデータベース化し，インターネットによるアクセスも含めてどの窓口からでも住民への情報提供が迅速，正確にできるように行政のデジタル化をすることである。

このためには市の各部・課の情報のみならず県や国などの行政情報，地域の住民団体の情報など「住民の生活に密接に係わる」という観点から情報が収集・整理される必要がある。特に，高齢者や障害者など最も情報を必要とする人々のための，福祉・医療・保険に関する情報提供手段の整備が急がれる。

第二に，住民相互の情報交換と交流を促進するために多様な工夫を行うことである。

広報のホームページでインターネット，ＳＮＳ等を利用した住民の情報交換コーナーを拡大する。そして，コンビニエンスストア等に行政キオスク端末を設置し，行政サービスを利用可能にする。また，交流の場の質的向上と量的拡大を目指して集会施設における情報機器の整備を推進する。生涯学習等の講座に高齢者や外国人，乳幼児を持つ母親など地域で孤立しがちな人々が参加できるようＰＲや保育室設置などの条件整備に一層努力する。さらに，地域活動団体への活動場所や情報提供による側面からの援助を拡大し活動を促進する。

第三に，施策形成過程への住民参加制度を整え，情報を積極的に提供することである。

「情報なくして参加なし」と言われる。住民参加は行政運営に住民自治を実現するための重要な手段である。例えば，基本構想策定段階，予算査定，公共施設設計段階からの参加など，住民が職員と同じ情報を共有してホームページ，ＳＮＳなどを通して対等に議論し，ともに施策をつくっていく態勢が求められる。また，各種の講座やイベントはできるだけ住民参加による企画実行委員会方式で進める。さらに，住民提案制度や住民投票など，広範な住民の声を集めて施策に反映させるシステムを多様な形で広げる。

4．日常生活に根ざした情報の活用を

情報通信技術の飛躍的進歩により，地域においても情報活用の可能性は無限に広がりつつある。しかし，行政における情報の活用で原点とすべきは，住民の日常生活から見た必要性である。また，個人情報保護の問題や，情報弱者といわれる高齢者，障害者，外国人への配慮を忘れてはならない。私は管理職員として，人と人とが豊かに交流しあえる地域社会を創るために職員の先頭に立って努力していきたい。

Q 45 これからの行政運営

★★★

1. 名実ともに基礎的自治体として

地方分権改革に係る一括法が第〇次まで相次いで成立し，地方分権の動きが本格化してきた。市が自らの意思と責任で対応できる範囲が広がり，地域の課題にきめ細かく取り組むことができる。

しかし，高齢化対策や少子化対策等，市政の抱える課題は山積している。その上，好調な経済状況の中でも市の財政運営は，これまでと同様に厳しい状況が見込まれる。

市が，限られた財源の中で，的確に市民にサービスを供給し，新たな課題にも取り組んでいくには，これまで以上に地域の実情に応じた施策の実施が重要となっている。そのために，市は，主体的に施策を立案し，自律的に実施していけるような市政運営に変革していかなければならない。

2. 変革にむけた市政運営の課題

〇市が，市民のニーズに最適な施策を立案し，最も効率的な方法で実施していくには，以下の問題がある。

第一に，市民が市政に参加する機会が少ないことである。市民の考えが市政に反映されることによって，市の施策はより的確に市民ニーズに応えたものとなる。しかし，審議会等既存の市民参加制度は，委員の人選や審議過程が開かれたものとなっていないことが多く，形骸化しがちである。また，施策の形成過程に市民が参画するような事例は，まだ少数である。そのため，市民が市政に参加する機会は限られている。

第二に，総合的に施策を展開する組織体制となっていないことである。ノーマライゼーションを理念とするまちづくり等市政を取り巻く課題には，土木や福祉等複数の所管の協力を必要とするものが多い。しかし，中央官庁の組織を踏襲した縦割り組織では，問題に総合的に取り組むことは困難であり，相互の連携も図りにくい。また，縦長のピラミッド型の組織は，施策の実行に時間がかかり，市民ニーズに即応することができない。

第三に，経営的視点に立った行政運営が不十分なことである。行政は税収で運営されており，また，競争原理が働きにくい。そのため，行政はコスト意識が希薄であり，経営的感覚をもった運営を怠りがちである。その結果，激しく変化する社会経済の中で，必要性の薄れた事務事業や地域事情に配慮しすぎた事業に依然として人と予算が付いている。

3. 総合的で効率的な市政を目指して

〇市は，地域の課題を市民と協働して，効果的に解決するために，以下の取

採点者の目：採点者は出だしで，論文の評価のほとんどをするケースが多いのが現実です。出だしにより一層の注意を要します。

組みを強化していく。

第一に，市民参加のための多様な機構やルートを設けることである。まず，市と市民が地域の現状と課題を共有化することが大切である。そのために，情報公開の手続きのデジタル化やツイッターなどＩＣＴ（情報通信技術）を活用した迅速な情報提供によって，市民が手軽に情報収集できるようにする。次に，課題別に市民委員会やワークショップを実施し，市民の意向を取り入れるシステムを創設する。さらに，審議会委員の公募制を導入し，審議プロセスを公開することによって，市民とともに施策を考える審議会に変革していく。

第二に，縦割り組織にとらわれず，問題に応じて柔軟に組織を変えることである。複数の部課の連携を必要とする問題に対しては，タスクフォース等の動態組織を取り入れる。これによって，問題を多角的に捉え，総合的に取り組む体制を整える。また，保健と福祉のように密接に関わる事業については，組織を統合し，事業間の連携を強化する。さらに，現場への権限移譲を拡大し，フラットな組織とすることによって，対応の迅速化を図る。

第三に，費用対効果の視点から行政事業総点検（行政事業レビュー）で事務事業を見直し，民間の力を活用することである。経営的視点に立って市政を運営するためには，絶え間ない事務事業の見直しと，サービス提供手段の多様化が必要である。そのために，○市は，重複した事業や利用率の低い事業の統廃合を進め，スクラップ・アンド・ビルドを行う。さらに，税滞納者に対する電話催告などのように民間によって効果の上がる事業については，委託の拡大等の方法により，民間とのタイアップを促進する。こうした取組みによって，最小の経費で最適なサービスを提供することが可能となる。

4．職員の行動力が新しい時代を拓く

これからの市政運営に，何より求められるのは主体性と自律性である。市の自治権が拡充されるにともなって，住みよいまちづくりを目指した自治体間の競争も活発になる。これまでのような前例踏襲や横並びといった安易なやり方は通用しない。市政を担う職員一人ひとりの自覚が問われている。

なかでも，職場のリーダーたる管理者は，地域の現状を的確に捉え，汗を流して，果敢に課題に挑戦していくことが肝要である。管理者がこのことを肝に命じて，努力を重ねることによってこそ，組織が活性化し，主体性と自律性を備えた人材が育成される。その結果，新しい時代を切り拓く市政運営が着実に実現されていくものと確信する。

Q 46 これからの行政運営

★★★

1. 少子・高齢社会に向けて

地方分権一括法が第○次まで成立したことは，○市が地方分権を推進していく上で大きな転機となった。今までの中央主導による画一的な行政では、多様化・複雑化する市民のニーズに対応しきれなくなってきている。また，景気に不透明感がある中でより地域の実情に合った施策を市民と共につくり上げていくことが，○市に求められている。

これからの行政運営は，少子・高齢社会に的確に対応していけるかが最大のテーマである。豊かな地域社会を築くため，行政内部の効率化を徹底し，公共サービスのあり方を見直すことが重要となってくる。

2. 今までの行政運営の問題点

○市は，今までも市民福祉の向上のため組織の再編や職員の育成に努めてきたが，なお，以下のような問題点がある。

第一に，コスト管理や行政内部の効率化が不徹底である。まず，各施設で行われている利用率や利用状況の調査が，施策の改善に生かされておらず，単なる統計資料となっていることが多い。また，事務事業が従前の方法を踏襲するやり方で執行されており，社会の変化に対応してスクラップ・アンド・ビルドがなされていない。そのため，行政の即応性や柔軟性が発揮されず，地域のニーズに応えられていない。

第二に，公共サービスの供給主体の見直しが必要となっている。市民ニーズの多様化により，今まで行政が担ってきた公共サービスの範囲を全てカバーし続けることは困難となってきている。超高齢化社会を迎え，福祉・医療・保健が連携するためには，ＮＰＯやボランティアをはじめとする行政以外の協力を得て事業を進めていかなければならない。また，その参加を促すための情報の共有化も必要となる。

第三に，職員の問題解決能力が不十分である。行政施策を実施する段階で，市民との利害対立や市民同士の対立が日常化している。より複雑化した利害を調整することの経験やノウハウが職員に蓄積されていないため，実際に市民との調整に手間どり，事業執行に支障をきたすことも多い。また，市民のニーズを的確に受け止め，施策化していく能力も培っていく必要がある。

3. 社会の変化に対応できる行政

地方分権・地方創生の時代を迎えた○市は，市民に身近で，効率のよい行政

採点者の目：よく書けていますが，地方分権の切り口がもっと鋭いとさらによくなると思います。

運営を図るため，以下のことを実践していく必要がある。

第一に，費用対効果など，経営的視点により行政事業総点検（行政事業レビュー）をし，事務事業の見直しを図る。まず施設の利用状況を把握し，利用率の低い場合には，他施設との統合や用途の転換を図る。次に，職員の人件費を含め事業に要するコスト，作業時間，執行方法を点検し，代替可能な方法と比較する。その上で，ムダを省くとともに，最も低コストで効率のよい方法を選択していく。これらにより，職員は，経営的視点を持ち，事業の見直しを常に意識する職場風土もできていく。

第二に，公益法人，ＮＰＯ，ＮＧＯをはじめ，民間企業の参入も得て，公私協働のネットワークを構築する，まず，福祉，文化，環境などの分野の行政情報を積極的に提供し，どのような協働が可能であるかの広報を行う。そして，協力がしやすいように，存立基盤の弱いＮＰＯ，ＮＧＯには，活動場所の提供などを行い側面支援をしていく。さらに，今まで行政の行ってきた事業であっても、コスト面や専門技術性などの点で民間会社等に依頼することが有利であれば，積極的に委託をする。その際，公平性・公益性に配慮することも忘れてはならない。これらにより，多くの主体が、公共的サービスの担い手となり，市民の側も選択の幅が広がっていく。

第三に，職員が，政策形成能力を身につけることである。職員は，事業の企画・立案をする際には，必ず紛争を未然に防止するため紛争予測チェックをする。また，複雑化する利害の調整を想定し，具体例に基づき，市民との折衝をシミュレーションする説得のための研修を導入する。さらに，今まで外注に出していた調査業務を職員自ら作成できるよう調査会社の協力を得て短期派遣を実施する。これらにより，自ら課題を抽出し，企画し，事業を完結していく能力が培われていく。

4．安定かつ持続的な行政運営を目ざして

○市は，地方分権・地方創生の流れの中で，地域の実情に即した行政を進めていかなければならない責務がある。これからの行政に求められることは，少子・超高齢化社会にあっても安定的・持続的な行政運営と施策の展開である。そのための手段が，行政の効率化であり，公共的サービスの担い手の結集である。管理者としてその点を職員に充分認識させ，市民の信託に応えていけるよう全力を傾注していきたい。

Q 47 行財政の効率化

★★★

1. 求められる市民ニーズに的確に対応する行財政運営の構築

今，市民は成熟社会を迎え，価値観が多様化・複雑化する中，脱炭素化や少子高齢化社会に直面し，将来に対する先行き不透明感を強めている。市民は生活に密着した○市政に様々な期待と関心を高めている。

一方，○市は厳しい財政状況の中，地方分権改革を柱とする地方自治権の拡大に伴い市民への権限と責任が増大する。○市は新たな課題解決に対応した土台づくりが進むと同時に，具体的な行財政運営システムの再構築の絶好の機会にある。

このような中，○市は行財政の効率化を図り，より市民ニーズに的確に対応した実効性ある行財政運営を構築し，市民に信頼される○市になることが求められる。

2. 今までの行財政運営の問題

市民に期待される○市として，今までの行財政運営には，次のような問題が残る。

第一に，行財政運営に無理無駄が残っている。事業執行に主眼が置かれていたため，後のランニングコスト等の検討が不足し，トータルコストが大き過ぎるものがある。そして利用予測等が甘く，事業にかかる費用とバランスが悪いものがある。また，公共施設づくり等が行政内部のみで計画執行され，必要性や効果に関して客観性に乏しいものが見られる。これらに対し，市民は行財政運営に疑問や不信を抱いている。

第二に，事業の効率化ができる余地が多く残っている。市民の手で行える事業を行政が行っているものがあり，過剰な行政サービスが見られる。また，選挙事務や徴税督促事務のような民間でやれるべきものを行っているものがある。そして，効率的な行財政運営を確立するために重要な職員の事務事業改善への意識が低く，効率的な行財政運営の推進が鈍くなっている。このことは，市民の行財政に対する不信を冗長させている。

第三に，行財政の監視機能が低下している。まず，事業が高度化・複雑化しているが，従来の監査機能では対応が難しくなっている。そして，事業に対する評価が行政内の主観的で感覚的なものに留まっている。また，その評価も公表されず，市民にとって行財政がわかり難いものとなっている。結果，行財政運営がブラックボックス化し，自浄力も衰えている。

採点者の目：論文は鮮度が重要です。出だしは特に注意してパンチを出してください。

3. 市民の視点に立った行財政運営

実効性ある行財政運営を構築するために次のような施策を展開する。

第一に，経営感覚を持った行財政運営を進める。まず，予算形式段階から事業のトータルコストを厳格に検討するとともに，収入としての税や使用料，補助金等の確保を積極的に工夫する。また，事業の計画段階から費用対効果の検討を行い，最小限経費による最大効果の発揮を図る。具体的には，公共施設づくりに，VE（バリューエンジニアリング）設計手法等を導入し，市民や企業等の第三者による評価，提案を取り入れる。そしてこのプロセスを市民に広く公開していく。このようにして，市民が納得できる効率的な行財政をつくっていく。

第二に，事業の効率化や有効活用を図る。結果の公平でなく，機会の公平を基に，受益者負担の方針を，市民との対話や討議を深め市民と行政の役割分担を明確にしていく。また，行政事業総点検（行政事業レビュー）をし，重複事業や無駄な事業の統合・廃止・用途変更を図るとともに，事業の優先順位を明確にしていく。そして，行政のデジタル化や一係一事務事業改善をより進め，職員の意識改革を高め，組織の政策形成機能や機動力を確保していく。これらにより，行政の資源を効率的に活用していく。

第三に，行財政運営の評価を客観的なものとする。まず，外部監査や技術監査制度を今以上に導入し，複雑化・高度化した事業に対応する監査機能を強化する。また，市民の利用率や満足度等で事業を評価する制度を構築し，次の施策に反映していく。そしてこれらの評価や監査を市民に公開し，行財政運営の透明化を図る。このことにより，非独善的で創造的な行財政運営をつくっていく。

4. 持続的発展を続ける○市を目指して

地方自治の拡大は，自治体間の特色を顕在化させる。住民が行政サービスを選択する時代にあり，究極的には住民が自治体を選ぶことになる。○市では，互いに地域特性を発揮し，それぞれが競い合い，欠点を補完しあうことが必要である。その時，行財政運営は地域の個性や魅力を活かしていくための重要な役割を持ち，その良し悪しは市民が自治体を評価する上で大きな指標となる。私は，行財政の効率化を図り，市民ニーズに柔軟で的確に対応した実効性のある行財政を構築する。そして，市民に信頼され，市民と行政のパートナーシップにささえられた持続的に発展する自治体づくりに積極的に取り組む決意である。

Q 48 経営感覚を備えた職員の育成と管理職員の役割

★

1. 新たな時代の要請

地方分権もすでに実践の段階に入り，○市は横並びからの脱却を目指し，独自性をキーワードに新たな挑戦を行っている。それはまた，市の責任が増すとともに，自治体間で政策を競い合う時代の到来を意味している。

一方，厳しい財政状況が続く中で市民のニーズは複雑・多様化している。こうしたニーズに応え，分権時代にふさわしい個性豊かな地域社会を築くためには，制度改革を有効に活かして，地域を経営するという感覚を備えた質の高い職員が不可欠である。すなわち，市民福祉の増進を図るため，市民とともに考え政策を立案し，それを実行できる創造性豊かな人材が求められているのである。

こうした時代の要請を受け，管理職員はこれまで以上に職員の育成に努めていくことが重要な使命となっている。

2. 求められる職員の意識と能力

これまでも，○市は人事制度の見直しや研修体制の充実など，人材育成で一定の成果をあげてきた。しかし，次のような課題が残っている。

第一に，職員に主体的に地域を経営していくという意識が乏しいことである。

行政はともすれば，継続性や安定性を優先するあまり，新しい知識や技術を取り入れることには消極的になりがちである。現に，分権の進展や構造改革特区など，地域独自の試みに向けた体制が整いつつある中で，その動きは緩やかである。また，与えられた仕事を型どおりにこなせば良しと考える職員も多く，地域の課題を自らの考えで主体的に解決しようという姿勢に乏しい。

第二に，職員に対話・説得能力が不足していることである。

例えば，給付や補助の削減，使用料の改定など，必要な見直しであっても市民に負担を強いらざるを得ない場合もある。また，市独自の施策を展開するということは，その結果に対して従来よりも厳しい責任を負うことになる。そのため，施策にかかわる便益と負担の関係などについて，市民に分かりやすく説明し，理解と協力を得ることがこれまで以上に重要である。「決まりですから」，「法律にありますから」といった対応は，もはや通用しないのである。

第三に，職員の評価が育成に十分反映されていないことである。

人は仕事によって鍛えられ成長するものである。そのためには，仕事を通じて能力の向上や自己実現を実感するとともに，成果に対して納得のいく評価と

> 採点者の目：良く書けています。背景の部分はいつも考えておいて
> いくつかのパターンで書けるようにしておいてください。

処遇が必要である。

しかし，勤務評定の結果に対するプロセスなどは本人に知らされることはなく，職務に対する貢献度や不十分な点などについて図り知る機会が少ない。これでは，仕事に対する向上心も育っていかない。

3.　地域を活かす人づくり

これらの課題を解決し，分権時代にふさわしい職員を育成するためには，次のような方策を講じなければならない。

第一に，職員の政策研究活動を推進することである。

市の重点課題には，庁内公募制度による検討会を設け，自発性に基づくワークショップ方式の実践で職員の能力を引き出す。また，職員提案制度において必要性が認められるものについては，起業家精神を尊重して，提案者に企画から事業化までを一貫して担当させてみる。これにより，新規事業の立ち上げを促進するとともに，職員の意識改革や企画立案能力の向上，組織の活性化を図っていく。

第二に，職員の説明責任能力を向上させることである。

これまでの能力開発型の研修を一層充実させるとともに，参加型のグループ検討やディベートを多用した政策課題研修を拡充する。また，市民集会や説明会に職員を同行させ，直接市民に施策の説明をさせたり，市民からの疑問・質問に対応させることで論理構成や考える力を養い，説明責任能力を向上させていく。

第三に，人を育てるという視点で人事考課を行うことである。

「大過なく」仕事をすることが有利に評価されるのではなく，チャレンジ性や創意工夫をより評価する加点主義を重視することで，職員のヤル気を引き出していく。また，職員が自らの評価について上司と面接する自己評価制度を取り入れ，優れている点や努力を要する点などについて自己評価させて自己啓発や育成計画に反映させていく。

4.　競争時代を勝ち抜くために

政策を競い合う時代においては，職員の創造的発想や主体的な取り組みが○市の将来を左右するといっても過言ではない。しかし，こうした職員の能力開発は一朝一夕にできるものではない。私は管理職員として，日常の仕事を通じて職員が持てる能力をフルに発揮できるように，不断の努力を惜しまない覚悟である。

Q 49 これからの福祉社会と行政

★

1. これからの超高齢化社会

わが国の人口構成は急速に高齢化へと進んでいる。最近，厚生労働省が発表した人口推計によれば，2065年には，高齢化率のピークは38.4パーセントに達するという。国民2.5人に1人は65歳以上という高齢化社会の出現である。これに伴い，要介護老人は急激に増加し，福祉施設のより一層の充実が求められている。これらの要請に応じた社会システムの実現と，それに必要な福祉施設の充実について，行政に求められている役割は非常に増大している。

2. もっと多くの福祉施設を

現在，○県が建設費の補助を行っている福祉施設には，特別養護・養護・軽費老人ホーム，ケア・センター，デイホーム，重症心身障害児通所施設などがある。しかし，施設の絶対数はまだまだ不足しており，より多くの建設が必要である。これらのうち，確実に増加することが予測される寝たきり老人や認知症老人などの手厚い介護を要する老人のための特別養護老人ホームと，地域の在宅福祉の拠点となるケア・センター，家庭内に閉じこもりがちな老人が社会に出やすくするためのデイホーム，認知症高齢者グループホームの建設は，まず第一に望まれるものである。

特別養護老人ホームについては，既に市区町村建設分について助成が行われ，着実な成果があがっている。今後は従来進められてきた民間の社会福祉法人や医療法人による施設の建設や土地取得等に対する助成をさらに充実することにより，老人福祉の基盤を増加していくことが期待される。これと同時に，施設の持つ介護能力，機能回復訓練設備，輸送能力等を活用して介護保険の下でケア・センター，デイホームを併設し，在宅福祉の中核としたい。

> 採点者の目：福祉分野の施策はすぐ変わります，常に注意してください。

3．在宅福祉の充実を目ざして

市区町村における福祉施設が完成すれば，介護を必要とする人が住みなれた街を離れることなく福祉サービスの提供も可能となる。

(1) 施設福祉と在宅福祉の融合

特別養護老人ホームに併設したデイケアセンターと要介護者家庭を輸送サービスでつなぎ，ショートステイ，入浴，食事，リハビリテーションのサービスを一層充実したい。在宅福祉は，在宅サービスセンターなどを中心に介護・相談サービスを実施してきたが，入浴やリハビリテーションなどは設備の移動を伴う困難や，効果が十分得られにくい場合も認められた。施設と家庭の連携による在宅福祉の充実は，最優先課題の一つである。

(2) 家族介護者の苦労を減らすために

手厚い介護を家族から受けることが，要介護者にとっては理想である。しかし，家族の苦労は筆舌に尽くしがたい。少しでも介護者の苦労を減らすため，ショートステイやデイサービス制度をいま以上に充実し，一時期でも介護者を苦労から解放し，リフレッシュ，休養を取ってもらいたい。

4．地域福祉とボランティア活動

これからの福祉社会ではノーマライゼーションの考え方を基本とする必要がある。この場合，介護従事者の量的・質的な充実が重要となってくる。看護師や保育士・栄養士等の専門資格を持ちながら日常生活に埋もれている多くの人を，ボランティアとして活用することが強く求められる。また，地域住民のすべてに社会参加の道を開き，地域福祉を充実していくことが，心のふれ合い，活力のあるまちづくりを推進する重要課題となる。

私はこのような課題を解決していくために，職員の一人として全力を傾注していきたい。

Q 50 地域福祉の推進と特別区

★

1．今こそ旺盛なチャレンジ精神を

「長寿や子育てを喜べる社会を築け」とは，ある集会での区民の厳しい叱咤激励である。こうした声の背景には，核家族化の進行や介護者の高齢化に伴い，家庭の介護や育児の機能が，次第に低下している現実がある。

特別区はこの状況を踏まえ，誰もが住み慣れた地域で共に支え合い，安心して暮らせる地域福祉を推進すべき転機を迎えている。今後は，地方分権改革や地方創生を，自治権拡充の到達点に留めず，地域の連帯と創造によるまちづくりの原動力とすることが重要である。

そこで特別区は，区民・ＮＰＯ・企業との協働で，地域ぐるみで福祉を担う体制を確立し，豊かで活力に満ちた地域社会を築いていかなければならない。

2．突破すべき区政の問題点

区はこれまでも，訪問介護の充実や福祉施設の建設など地域福祉の推進に一定の成果を上げてきたが，なお次のような問題点がある。

第一に，福祉分野においても，区民との意見交換が未だに活発ではない。既存の広報は一方的なお知らせが中心のため，進行中の課題に対する区民の関心と参加意欲を引き出すものとなっていない。また，福祉分野の区民の意見は多岐に渡るため，その対応が遅れがちになる。さらに，高齢者や障害者自身が，福祉の情報を身近で受けたり，区に対して発信できる仕組みも未整備である。このため区には，福祉施策に区民の声をより多く，素早く反映させる工夫が求められている。

第二に，福祉サービスの質の確保が不十分である。区は福祉分野で直営事業と共に，企業やＮＰＯと協力しながらサービスを提供する事業が増えている。しかし，その質を客観的に評価する仕組みは確立していない。また，介護保険制度の導入で，福祉が措置から契約へと進む中，利用者からの苦情や意見のチェック体制が機能せず，紛争やトラブルに発展する場合もある。このため，効果的なサービスを区民に十分提供できていない。

第三に，地域コミュニティの相互扶助機能が弱体化している。近年，区民は匿名性を享受した生活様式により，互いの連帯感が希薄化し，福祉を地域で担うことができず，行政に依存する傾向にある。また，地域福祉を担う主体は，老人クラブや子ども会の運営など自治会に固定化しがちで，地縁を離れた新たな活動や人材が育つまでに至っていない。このように，区民が共に支え合い，地域福祉に取り組む連携は未だ構築途上である。

採点者の目：全体的に良く書けていますが，解決策の第一でコスト的な問題にも触れるとさらによいと思います。

3．地域で共に汗を流して

以上の問題点を解決し，豊かで活力に満ちた地域社会を築くため，私は次の取り組みを通じて，地域福祉を推進していく。

第一に，区民との双方向通信を促進する。地域の声をより反映させるためには，多くの区民参加を得て施策を形成することが重要である。このため福祉の課題にも，企画立案段階から問題提起型の広報を行う。また，ラインやツイッターなどのＳＮＳによる情報通信技術の活用で，区民と瞬時に問題を共有化し，活発な意見交換を行う。さらに，高齢者や障害者も，図書館など身近な施設で，音声入力など簡易な操作で情報を得たり，要望を伝えられるシステムもデジタル化し併せて整備する。これらにより区は，地域の英知を結集しつつ，少子高齢化対策など重点課題への迅速な対応を実践していく。

第二に，福祉のサービスを評価する仕組みをつくる。福祉の充実には，直営事業と共に，民間が提供するサービスの質の向上が欠かせない。そのためには，公募委員と区による福祉サービス評価委員会を設置する。ここでは，アンケート調査など区民の満足度を指標に事業効果を測定し，企業やＮＰＯと連携しながら必要な改善を図る。また，区民の声に直接応えるため，オンブズマン制を導入し，福祉ニーズへの適合性を基準に苦情処理と紛争調整を行う。このように区は，事業を点検する仕組みを導入することで，効果的な福祉サービスを区民に提供していく。

第三に，区民相互の扶助体制づくりを支援し，暮らしの安全網を整備する。区は区民の自主運営によるボランティア組織の立ち上げに協力し，当番制の預かり保育などを通じ，互いの連帯感を引き出していく。また，自治会との協力で，慰問を希望する高齢者などの情報をＮＰＯに提供し，その主体的活動を側面支援する。さらに，学校教育や生涯学習に身体介護などの体験講座を充実させ，ボランティア登録により修了者に活動機会を提供していく。こうして区は，区民同士の一体感を高め，幅広い活動と人材の育成を図ることで，地域に連携協働のネットワークを構築していく。

4．分権改革を飛躍への糧に

地方分権・地方創生により，特別区は自律した基礎的自治体としてさらに重責を担い，その真価を厳しく問われている。一方，今日のような社会情勢の転機における地域福祉の推進には，多くの困難が伴う。しかし，こうした状況は，分権時代にふさわしい新たな仕組みを生み出す好機でもある。私は職員の先頭に立ち，地域の人々との協働で困難を乗り越え，真の地域福祉を実現し，豊かで活力に満ちた地域社会の構築に誠心誠意邁進する覚悟である。

Q 51　地域との協働と係長の役割

★

1.　市民との協働は市政推進の鍵

第○次地方分権一括法が成立し，本格的な地方分権の時代となった。制度改革の目的は，単に県から市への事務事業の移譲に留まらない。むしろ，地域に住まう人々が必要とするサービスを，自ら立案・実施する自治の再構築こそ急務なのである。実際，分権が進めば，福祉やまちづくり等，市の財政負担や責務は拡大する。加えて，税収の見通しが不透明な中で，少子・高齢化対策や脱炭素化対策など，市はいまなお多くの課題を抱えている。限られた財源で様々な課題を解決するには，市民と行政が相互の役割を認識し，協力関係を形成することが必要である。そして，行政と地域の力を結集し，真の市民自治に根ざした市政を推進するため，今，市民との協働の仕組みづくりが急がれる。

2.　協働から始まるまちづくり

市民との協働の仕組みを構築するため，次の取組みが必要である。

第一に，双方向性の広報活動を充実させることである。

市民の意見をさらに施策に反映させるには，即時性や双方向性のある広報活動が必要となってくる。

そこで，市民と市が議論を重ねる機会として，例えば，課題別の公開フォーラムを開催する。その模様をＣＡＴＶやインターネット等で広報し，ツイッター，ライン等のＳＮＳで意見を募る。

様々な地域課題について，市民の間に理解と共感を育み，市民相互の交流の契機となる。

第二に，市民が地域づくりに参画できる仕組みを確立することである。

新長期基本計画についての市民説明会等，○市は市民参加に工夫を重ねている。今後はさらに，市政課題を市民自らが地域の課題として実感し得るよう，より幅広い層の市民へ参画の機会を拡大する必要がある。

> 採点者の目：協働のテーマは新鮮な中身が求められます。

そこで，例えば，脱炭素化や公園等の設置や運営，高齢者福祉，観光，少子化対策等課題別に市民委員会を設け，参加する市民を公募する。その上で，ワークショップ等の手法を用い，施策の企画段階からの市民参加の仕組みをつくる。

将来にかかわる諸課題を自らの課題として，市民が地域ぐるみで考えていく機会となる。また，実際に市民と対面して議論することで，職員の市民感覚も醸成されていく。

第三に，自主的な市民活動への支援を強化していくことである。

現在，市の福祉公社やボランティアセンターで実施される講座や登録制度は，市民参加に一定の効果をあげている。今後，地域課題解決に向けた市民の自主的な取組みを促進するため，活動の場所や専門知識などをさらに整備していく必要がある。

そこで，消費者相談センター等市の既存施設の一角に，オープンスペースを整備し，市民団体の活動拠点を整備することを検討していく。イベント等事業の企画や運営は，市民，団体自らが行うようにすることが重要である。市は，活動団体の紹介や活動連絡会の設置等市民の活動を側面から支援していく。

これらを通じて地域内の連帯意識を醸成し，○市と市民の新たな連携関係を構築できる。

3．新たな市民自治の構築に向けて

ここ数年来，自らの発意に基づき，地域課題解決のための活動を進めている市民は着実に増えている。真の市民自治の再構築に必要なことは，市民と市が協働し，課題解決を共に行う自治のトレーニングである。これらを効果的に進めるためには，職員自身が市民自治の重要性を再認識し，意識改革を図ることが不可欠である。そのためには，係での仕事を通じ，啓発やＯＪＴを行っていくことが必要である。私は係長として，日常の仕事を通じて，職員の市民感覚の醸成に心血を注いでいきたい。そして，自ら研鑽を重ね，市民，職員と共に，自治に根ざした市政運営に尽くしていく。

Q 52 「ウィズコロナ」(コロナとの共存)と自治体

★★

1. 「ウィズコロナ」と自治体行政

コロナウイルス感染症との闘いが続く中，自治体は，感染拡大防止と経済社会活動の両立を図る中で，市民のくらしに直結する様々な課題に直面している。この感染症による健康危機から市民の健康と安全を守るための取り組みが強く求められている。

2. 健康危機と行政の課題

感染症対策のために経済活動を制限すると，医療崩壊を防ぎ，「救える命を救えない」という状態を回避する短期的効果がある。しかし，自治体としては医療崩壊を起こさずに経済活動をコロナ前にできるかぎり戻す努力をしたい。そのための様々な感染症対策を行っているがまだまだ不足している。

第一に，感染が急拡大する時に問題となるのは，医療資源（人材，病床など）の不足である。

日本の病床数は，海外と比較しても多い。ＯＥＣＤの発表では，人口1000人当たりの病床は，日本13.0床，米国2.9床，ドイツ8.0床である。また，医療従事者の人員も少なくない。人口1000人当たり日本2.633人で，ドイツ1.412人，フランス1.226人より多く，世界平均1.676人より多い。このようにみると人材の数ではなく人材の配分などの体制に問題がある。

第二に，高齢者施設や障害者施設等の感染症対策が十分とれていない現状がある。

感染症の検査体制，集団感染した場合の対応，職員が感染した場合の対応など，自治体が支援する場面は多い。現在，高齢者施設等でモニタリング検査をしているが，まだまだ十分とはいえない。また，集団感染した場合の施設側の設備も十分なものではない。さらに，スタッフが感染した場合の支援体制も十分とれていない。

第三に，施設入所者以外の高齢者や事業者，一般市民への感染症対策のための支援も十分とはいえない。特に，自宅療養者への支援は，健康観察や食料品，肺炎の徴候を見るためのパルスオキシメーターの

採点者の目：ウィズコロナは書きづらいテーマで，工夫が必要です。

配送などの支援を行っているが，まだ十分ではない。

3．健康危機から住民を守るために

このような問題を解決するためには，まず，第一に，医療資源の不足については，自治体のできる範囲で，酸素ステーションや入院待機ステーション，体育館に酸素配管をして臨時に病床を並べる臨時医療施設などを計画的に開設できるようにして感染の爆発が起きた時に直ちに備えを進める。

人材不足については，看護師資格のある人材等を事前に登録してもらい，感染者がでて人手不足の場合，至急応援体制がとれるようにする。

第二に，高齢者施設等で集団感染が発生し，職員の出勤停止により人員が不足した場合，現在，関係団体と連携・調整をし，応援職員を派遣する体制をとっているが，十分ではない。事前に，過去に退職した者や，資格のある者を登録し，迅速に派遣する体制をとりたい。

また，施設内のWi-Fi環境の整備，見守り支援システム等を導入し，ＡＩ等の最先端技術を駆使し，感染症対策を高めていきたい。

第三に，感染症が軽症化する中で，無症状，軽症の療養者に対し，自宅療養サポートセンターがあるが，さらに充実していきたい。スマホのラインで友達登録してもらい，相談・応援はもちろんのこと，感染症の現在状況，体調が悪化した場合の相談先一覧などの情報を発信し，情報アクセシビリティーの向上を図る。

また，感染が落ち着いた「新しい日常」の中で一般の高齢者等が健康状態を維持できるようオンラインを活用した感染症予防対策に取り組む。

4．幸福な高齢化社会を築く

自由で豊かな高齢化社会を支えるのは，住民の健康である。住民の健康こそが，大都市○県の活力の基盤である。行政は，住民の感染症対策に重責を負っている。

私自身，今後一職員として自ら感染症対策をするとともに，あらゆる機会を通じて，住民への普及啓発活動に努力する覚悟である。

Q 53 健康づくりと行政

★★

1. 健康は人生の基盤

健康は，いきいきとした豊かな人生の基盤である。新型コロナウイルス感染症との闘いが続く中，自治体は感染症対策の中で市民の暮らしに直結する様々な課題に直面している。

特に，高齢者が元気で豊かに暮らすには，健康な状態をより長く維持することが，重要となっている。そのために，市民の健康と安全を守るための取り組みが強く求められている。

2. 今，住民が抱えている健康問題

健康問題について，次の点が重要であるといえる。

まず第一は，コロナウイルス感染症で無症状，軽症の方について，必要な宿泊療養施設を確保・運営しているが，まだ十分とはいえない状況がある。さらに，自宅療養者への支援は，健康観察や食料品，肺炎の徴候を見るためのパルスオキシメーターの配送などの支援を行っているが十分ではない。

第二に，高齢者への健康支援として，特別養護老人ホーム，介護老人保健施設，認知症高齢者グループホームなど高齢者のくらしを支える施策を進めてきたが，まだまだ十分ではない。また，高齢者が要介護，要支援になることを予防するとともに可能なかぎり地域で安心して暮らせるように在宅中の高齢者へのデジタル機器活用による見守りなど様々な支援をしているが，さらなる取り組みが求められている。

第三に，医療資源の地域的分布の量的，質的不均衡である。都心から離れることなどにより医療資源の偏在がみられる。それに加えて市民の生活行動の多様化等もあり，市民に現在の高度専門医療を受けられないことに対する不満がある。

3. 健康問題から住民を守るためにも

このような問題を解決するためには，まず第一に，感染症が軽症化

> 採点者の目：自治体の仕事の守備範囲を意識して書くことが必要です。

する中で，無症状，軽症の療養者に対し，自宅療養サポートセンターがあるが，さらに充実させていきたい。

スマホのラインで友達登録してもらい，相談，応援は，もちろんのこと，感染症の現在状況，体調が悪化した場合の相談先一覧などの情報を発信し，情報アクセシビリティーの向上を図る。また，感染が落ち着いた「新しい日常」の中で一般市民が健康状態を維持できるようＩＣＴとＡＩを活用した感染予防対策に取り組む。

第二に，施設建設は，重要でさらに進めていく。そのうえで，治療医学から予防医学重視による健康づくりを実現しなければならない。そのためには地域住民の健康管理システムを確立することである。初期医療を担うプライマリ・ケアや健康相談の充実が大切である。

また，在宅医療サービスの充実と継続である。75歳以上に寝たきりの老人が多くなるうえ，介護者自身も高齢という場合が多い。ボランティアなどを中心として地域全体で一人の高齢者を看ることが必要である。

第三に，保険医療機関の機能分担である。医療は高度専門医療と言われて久しいが，未だその役割が住民に浸透していない。そのために大病院の外来の混乱を招き，救急医療の妨害にもなっている。大病院に走りがちな住民に対し，保険医療機関の機能分担と適任医師の配置や指導が行政の役割として求められる。

また，保険医療情報のシステム化によって住民の不安を解消することである。健康に対する正しい知識を普及し，正しい医療機関やスポーツ・運動施設を利用することによって，健康で安心した日常生活を送れるようにする。

健康づくりは個人の自覚と実践によって得られるものである。○県に住む者として健康生活をよりよくするために積極的に努力する決意である。

Q 54 ＯＪＴと係長の役割

★★

1. 能力開発はＯＪＴから

超高齢化，脱炭素化や科学技術イノベーション等市政を取り巻く社会の変化は目まぐるしい。これらに伴い，市民ニーズも以前にも増して多様化している。また，第〇次地方分権一括法の成立の中で，市は新たな課題に直面している。

こうした中，市は，限られた行政資源で複雑化し，前例のない課題に対応していかなければならない。そのためには，市政を担う職員一人ひとりの意欲と政策形成能力の向上が不可欠である。これらは，職員が日々の職務を通じ自己点検を図ってこそ身に付くものである。職員の持てる能力を最大限に引き出すため，係長が率先して計画的にＯＪＴを推進していくことが，今，強く求められている。

2. 最大効果のＯＪＴを進めるために

係長である私は，市の「人材育成方針」を踏まえ，次のようにＯＪＴを進めていく。

第一に，個人別ＯＪＴ計画を立てる。

組織は，異なった個性や経験を持つ職員の集合体である。各職員の能力を引き出すには，個々の職員ごとの指導計画が必要である。

そこで，まず，職務を通じて職員をよく観察し，仕事への姿勢や保有している能力を的確に把握する。その上で，各職員との個人面談により，現在，不足している能力を確認し，目標を設定する。目標達成のための計画は，職員個人に立てさせ，係長は，適宜，助言するなど側面から支援することが，動機付けの点で重要である。

このことにより，職員の参画意欲が高まり，効果的にＯＪＴを進めることができる。

第二に，各職員の状況に応じた的確な指示指導を行っていくことである。

ＯＪＴを効果的に進めるには，各職員にどのような仕事を任せ，目標達成をいかに指導支援していくかが重要な留意点となる。

採点者の目：係長論文としてはここまで書ければ問題ないと思います。

そこで，各職員の職務遂行の状況，行動実態の適否等を判断する。その上で，職員への補足説明や質問，意見具申を受けた場合の対応などを通じ，根気よく職務に必要な知識や技術，態度を習得させる。また，時には，少し困難な課題を職員に任せ，事業の企画段階から職員の参画を図る。その際，係長は必要な情報を十分に与え，報告，連絡，相談を欠かさないなど，適宜，適切な支援を忘れてはならない。さらに，職場会議を定期的に開催し，生じている問題及びその解決策等の議論等職場教育の場として積極的に活用していく。

これらの取組みが，職場の学習的風土と良好なチームワークを形成していく。

第三に，ＯＪＴを適切に評価していくことが重要である。

職員の意欲を高め，次の目標達成への動機付けを誘発するには，個人の努力の達成度を客観的に把握していくことが必要である。

そこで，係長は，目標の設定や指導方法に誤りはなかったか，指導計画終了時に評価し，次のＯＪＴにつなげていく。また，指導計画遂行時においても，職務連絡時などを通じて職員と共にＯＪＴ評価を行い，必要に応じて指導計画を修正していく。目標達成した職員については，人事評価制度にリンクするよう課長へ進言する。

これらのことが，職員の目標達成意欲を高め，自己啓発への強い動機付けとなる。

3．職員の可能性を引き出すために

地方分権・地方創生の時代にあっては，地域に即した施策を市が自律的に立案，実施していくことが求められる。そこで必要となるのは，積極的に市民の中に入って地域課題を先取りし，解決策を自分の頭で考える職員である。政策形成能力，説明責任能力，そしてコスト意識と市民感覚あふれる職員の育成は，係長の使命である。私は係長として，このことを常に念頭に置き，積極果敢に課題に挑戦する職員の育成に心血を注いでいきたい。そして，明日の市政を担う一人として，自らの研鑽に努力を惜しまない。

Q 55 ウィズコロナと観光振興

★★★

1. 東京の観光振興

いま東京はコロナウイルス感染拡大防止と経済社会活動を両立させる「ウィズコロナ」という新たなステージに立っている。この中で,「ウィズコロナ」の一貫として外国人旅行者の受け入れを始め,月間○百万人となった。しかし,2019年外国人旅行者3100万人と比較するとまだまだ少ない。自治体として観光産業の復活に向けては,これからは観光が生み出す負荷や悪影響を軽減する「持続可能な観光地」となることが強く求められる。

2. 観光振興のための問題点

世界の誇る魅力あふれる観光都市東京の実現に向けては,いくつかの問題点がある。

第一は,コロナウイルス感染拡大によって観光関連事業者は,旅行者の急減で経営的にかなり疲弊している。感染が落ち着いた「新しい日常」に対応した取り組みを至急支援しなければならない。また,宿泊施設等の非接触型サービス等の導入支援も急務となっている。

第二に,多言語対応の不足の現状である。駅施設や車両等の案内表示は,まだまだ不十分で英語表記さえできていないところも多い。また,公園や博物館などの多言語対応については,英語,中国語,韓国語くらいの対応が限界で,ルーブル博物館が複数言語のボードで説明対応していることなどと比較すると課題は多い。さらに,飲食店では,複数言語のメニューなどの対応はほとんどの店で,できていない。

第三に,東京の観光資源の新発見などの取り組みをさらに行う必要性がある点である。ミシュランガイドに載る飲食店も多く,ラーメン店さえ載るようになっている。また,盆栽やヘアサロンなど思ってもいないところに日本の魅力を感ずる外国人旅行者がいて,東京には観光資源が眠っている。そして,インバウンドにおける日本のゲートウェイとして東京は,日本の観光振興の牽引役として活躍しなければいけない。

3. 東京の観光振興へ向けたさらなる取り組み

このような問題点を解決するためには,以下の取り組みが必要であ

採点者の目：観光は，話題にいつものぼりますので，普段から情報収集に注意してください。

る。

第一は，観光関連事業者のコロナ渦における新たなビジネス展開を後押しするため，新たな滞在プランを提供する際の客室整備などを強力に支援する。またデジタル化の進展を背景に，非接触のために店舗等でもロボットなどを導入している事例があり，感染拡大防止のためにもロボットや人口知能（ＡＩ）の活用に対する支援を積極的に行いたい。

第二に，バス，ＪＲ，私鉄等の複数の交通がある場合，発車時刻，到着時刻，料金等の情報をデジタルサイネージ等の活用により多言語化の表示をする。そして，駅施設・車両等の案内表示の多言語化の取り組みとスマートフォン利用による多言語化の道案内等を取り組んでいく。また，美術館・博物館では，ＩＣＴを活用した情報提供により多言語対応を進める。公園などでもＩＣＴを活用し，災害時の避難誘導も含めた情報提供の多言語化を進める。

さらに，飲食店においては，多言語メニューの用意等の取り組みが進むよう，事業者団体と連携しながら補助金等も検討し，支援を行う。そして，多言語音声翻訳技術の翻訳精度を向上させ，翻訳ツールを観光地等で利用するような取り組みをする。

第三に，東京の観光資源は，無料公衆無線ＬＡＮをより一層整備し，ＨＰやアプリ等の媒体で効果的な発信をおこなう。新発見の観光資源も頻繁に更新して訪日外国人が興味をひくようにし，口コミものるような仕組みをつくる。同時に外国人旅行者が持参した海外端末を円滑に利用しやすい通信環境等の実現を推進する。

4．東京の観光振興のために

東京が新型コロナウイルス感染拡大防止と経済社会活動を両立させる「ウィズコロナ」という新たなステージに立つ中で，観光立国を一層強力に推進し，東京を力強く発展させていきたい。そして，外国人旅行者が3000万人を超え，コロナ前のフランスの外国人旅行者8400万人を超えるような，世界に誇る魅力ある都市づくりを私は目指したい。

Q 56 観光振興と自治体

★★★

1. 「ウィズコロナ」という新たなステージ

いま東京は,「ウィズコロナ」（コロナとの共存）という新たなステージに立っている。

この中で，外国人旅行者が月間○百万人を超えたとはいえ，2019年の年間3100万人に比較するとまだまだ少ない。観光振興を今後の施策展開の柱と考えている都としては，一層の取り組みの強化が求められる。

2. まったなしの観光施策の課題

都の観光振興には，次のような取り組むべき課題がある。

第一に，東京の観光資源を活かしきれておらず，魅力ある資源が埋没している点である。東京は，豊富で多様な観光資源があふれている一方，価値のある観光資源が埋もれたままになっているなど，そのポテンシャルを未だ十分に活かしきれていない。都として積極的で実効性のある支援を実施できるよう施策を見直す必要がある。

第二に，東京の産業や食を活かした観光の取り組みが不十分な点である。和食が世界遺産（無形文化遺産）登録されたが，食を軸とした観光スポットの整備や情報発信など，観光に活かす取り組みは必ずしも十分ではない。また，東京の主要な産業の一つであるアニメや映像などのコンテンツ産業に関しても，情報発信など十分な取り組みがなされていない。

第三に，外国人旅行者の受け入れ環境が整っていない点である。「言葉が通じない」「案内が分からない」といった旅行者の不満や不安に対して，観光案内所等を通じた観光情報の提供に努めてきたが，まだまだ解消するには至っていない。

3. 観光のための取り組み

こうした課題を克服し，新たな観光振興のために次のような施策を

> 採点者の目：観光はフレッシュな話題が常に求められます。アンテナを伸ばして，書き加えられるようにしてください。

展開し，総合的に取り組む必要がある。

第一に，東京には，観光産業の初期段階にある地域が少なくない。これらの地域に対しては，観光まちづくりの専門家などをアドバイザーとして派遣し，観光資源の掘り起こしや活用プランの策定，実施体制の構築などについて支援体制を充実する。着地型旅行商品※の造成やその販路開拓に向けて，観光協会等の観光関連団体と旅行事業者，旅行情報メディアなどをマッチングする取り組みを推進していく。また，自宅から１～２時間圏内の地元客を積極的に取り込むマイクロツーリズムの支援などを行う。

第二に，伝統的な食文化，豊富で多様な飲食店の集積など，食にまつわる東京の魅力をウェブサイトや海外プロモーションなどを通じて積極的に情報発信する。また，現代の東京を象徴するアニメやゲーム等のコンテンツ産業などを観光資源として活用し，観光ルートの開発や外国人旅行者に向けた情報発信をする。

第三に，ＩＣＴ（情報通信技術）を活用した新たな観光情報の提供について，旅行者がいつでもどこでも手軽に情報を入手できる環境の整備を推進していく。ツイッターやフェイスブックといったＳＮＳによる通信など，環境の整備を図っていく。

4.　求められる新たな観光行政

「ウィズコロナ」という新たなステージの中で，旅行需要は，明るい兆しが見えている。

しかし，感染対策防止をしながらも，自治体として，観光マーケット全体の底上げを目指す取り組みが急務である。私は，このような取り組みを推進していくために，職員の一人として全力を傾注していきたい。

※　着地型旅行商品…旅行者を受け入れる地域が，その地域が持つ観光資源を活かして企画する形態の旅行を商品化したもの。

Q 57 地域福祉の推進と自治体

★★★

1. 高齢化と少子化の波の中で

日本の65歳以上の高齢者人口の割合は2022年には29.1％となりその後もさらに増加することが見込まれている。一方厚生労働省が先頃発表した合計特殊出生率は1.27人となりここ10年の年次推移は低い数字となっている。

このように長寿社会と少子社会が同時進行するという事態はこれまでに経験したことのないものである。このような中，今後年金制度や医療，雇用などの様々な問題が発生することが予想される。地域社会の中で老若男女誰もが，心豊かな生活をすごせるようにするためには，いっそうこまやかな行政の対応が求められている。

2. 地域福祉の充実に向けて

地域福祉の充実に向けて，住民の大きな期待が○市に寄せられている。行政はこれまでの取り組みをさらに前進させていかなければならないが，とりわけ次のことに留意しなければならない。

第一に，都市構造が誰でも安心して暮らせる状況になっていないことである。戦後の経済発展の過程で，効率優先のまちづくりが進められてきた。その結果，横断歩道橋に象徴されるように，高齢者や障害者にとって行動しにくい都市構造となってしまった。近年改善の努力がなされているとはいえ，依然として高齢者や障害者の社会参加を妨げる阻害要因の一つとなっており，改善の必要性が指摘されている。

第二に，高齢者や障害者を地域ぐるみで支えるしくみが整っていないことである。核家族化が進む中，独り暮らしの高齢者や高齢者だけの世帯が増えている。また仕事を持つ女性の増加など女性の社会進出もめざましい。これらは，介護の必要な高齢者や障害者を家庭で支えることが難しい状況を生み出している。介護力の乏しい家庭を地域で支援できるしくみを早急に作り出していくことが求められている。

第三に，地域福祉充実に向けての自治体の態勢が不十分なことである。地域福祉の充実に向けて行政は様々な取組みを進めている。そのためには，福祉や保健，医療などの分野の連携が欠かせないが，タテ割り行政の弊害を完全には克服できないでいる。また，ボランティア活動に対する住民の気運も高まっているが，ボランティアの育成と支援のあり方などが課題となっている。

3. ノーマライゼーションの浸透を

地域社会の中にノーマライゼーションを浸透させ実現させていくことが行政

> 採点者の目：福祉部門は新しい施策が多いので，日々テーマの研究が必要だと思います。

の目標の一つとなっている。そのために○市は次のような施策に取り組んでいかなければならない。

第一に，都市構造を誰もが安心して行動できるような状況に整備していく必要がある。高齢者や障害者が地域社会の一員として自立して生活していくためには，バリアフリーのまちを実現させることが大事である。このことは健常者にとっても暮らしやすいまちになることを意味する。そのためには，駅へのエスカレーターやエレベーターの設置，道路の段差解消や歩道橋の撤去，疲れを感じたとき一休みできるようなポケットパークを備えた歩道の整備などに努めていかなければならない。

第二に，地域の中で多彩な福祉サービスが提供できるようにしていく必要がある。住民の福祉ニーズは多種多様なものとなっており，福祉サービスのメニューもいきとどいたものとすることが求められる。

例えば，家族が行き来しやすいように，身近な所に特別養護老人ホームなどの施設を設置する。また，グループホームやデイケアセンターをさらに充実させ，介護を必要とする人の状況に応じたサービスを提供できるようにすることが大切である。

第三に，地域福祉充実のために，○市の態勢を強化する必要がある。今日，地域福祉を増進させていくことは，行政の最も重要なテーマのひとつであり，全組織をあげて取り組んでいくことが求められている。そのためには福祉事務所と保健所の管轄区域や所在地の同一化を図り，サービス対象者の重複を避けるとともに情報の共有をめざすことが大事である。また，地域包括支援センターに社会福祉士，ケアマネジャー，保健師等で構成するサービスチームを設置するとともに，民間のボランティア組織を育成し連携を深めていく方策も求めていかなければならない。

4．豊かな思考と柔軟な発想で

人生50年といわれたのは，それほど昔のことではない。人生100年の長寿社会の到来は喜ぶべき事態である。しかし，その前提として必要なことは，高齢者や障害者が社会の中でかけがえのない存在として認められていることである。

各世代の人々が手を取りあって，活気に満ちた生活をすごせる環境が整備されていなければならない。○市は常に住民の立場に立って，人々が安心して暮らせる地域社会の実現に向けて，豊かな思考と柔軟な発想の許に，最善の施策を提案していくことを忘れてはいけない。

Q 58 地域福祉の推進と自治体

★★★

1. 自立した生活を与える

超高齢化・少子化が進む中で，寝たきり高齢者，独り暮らしや障害を持つ高齢者が著しく増加している。

一方，核家族化の進展や介護者の高齢化などに伴い，家庭における家族の介護機能は低下しており，今後もこうした傾向は一層強まると予想される。

ノーマライゼーションの理念の浸透とともに，すべての人が，地域社会の中でともにふれ合い，助け合って生活することが自然の姿であるとの認識が定着してきた。

住民の自立した生活を支え，だれもが住み慣れた地域で安心して暮らし続けることができるような，サービスの提供が○市に求められている。

2. 利用者の立場に立って

このような長寿社会に対応していくため，現在各自治体では地域福祉計画の策定あるいは推進に取り組んでいる。しかし，次のような課題がある。

第一に，だれもが安心して暮らせる都市構造になっていないことである。これまでの経済効率優先のまちの構造は，高齢者や障害者の社会参加を阻む要因となっている。私がかつて車椅子でまちを移動した経験では，駅や役所などの車椅子用に整備されたスロープでも傾斜や角度が急すぎて利用しづらいと思うことがあった。また歩道と車道との段差も煩わしい。これからのまちづくりは画一的な福祉のまちづくりではなく，利用者の立場に立ち同じ目の高さで考えていくことが必要である。

第二に，地域福祉を充実させるための，行政の態勢が不十分なことである。組織がタテ割りのため，福祉・保健・医療等の分野別サービスと高齢者・障害者などの対象者別サービスの連携が十分でない。また，サービスを受けるためには介護保険等の申請をしなければならない。どこの窓口へ何を持って行けばよいのか，慣れない人には不安なものである。住民が必要とするサービスを，できる限り簡単な手続きで供給できるシステムが求められる。

第三に，高齢者や障害者を地域ぐるみで支える仕組みが整っていないことである。核家族化が進む中，家庭の介護機能は低下の一途である。これからは，地域における介護力の向上を目指す必要がある。最近ボランティア休暇制度も認知され始め，人々のボランティアに対する意識の高まりが東日本大震災などのボランティア活動からもうかがえる。これからの地域福祉は，ボランティアをいかに活用していくかが重要な鍵になる。

採点者の目：課題に対して整理して書かれています。ボランティアに対する部分も大変良いと思います。

3．安心して暮らし続けるために

こうした課題を解決し，これからの超高齢化社会を支えるため，○市は次のように対処すべきである。

第一に高齢者や障害者が地域の一員として自立して生活できるような都市環境整備をすすめていく。そのためには，障害者の身になって，歩道の段差改消や歩道橋の撤去をし，駅や公共施設にエスカレーターの設置をする。さらに安全面への配慮だけでなく，ゆっくり歩ける道，くつろげる公園，うるおいのある水辺空間など，高齢者や障害を持つ人の外出意欲を高め，人と出会い交流できる空間づくりを推進する。それによって社会参加の動機づけを図ることができる。

第二に，地域住民の視点から，サービスの仕組みを組み替え，ＩＣＴとＡＩを活用し総合的に対応できるシステムを整える。そのためには，福祉，保健，医療に関する情報を集約し，複数のニーズを持った高齢者や障害者の相談に一か所で応対できる在宅サービスセンターや地域包括支援センターなどの体制を確立する。また，個々の高齢者や障害者のおかれた状況を的確に把握し，最も適切なサービスを提供するため，行政のデジタル化によってサービスの調整機能や情報収集機能を強化する。迅速なサービスの提供と申請の簡便さのためにも出前主義の導入をしていく。

第三に，地域住民との協働により地域福祉を推進していく。住民一人ひとりは，サービスの受け手であると同時にサービスの担い手として地域で役割を果たすことが求められる。ボランティアへの関心も高まりつつある今，身近な地域における相談体制や，介護体制を充実していくため，地域ボランティアセンターを設置し，地域住民による自主的な解決を支援していく。さらに，学校及び地域における児童・生徒のボランティア活動を推進し，子供の時から自発的に地域活動に参加する土壌を培うことが肝要である。

4．明るい長寿社会を築くために

超高齢化社会の到来は，人類の夢である長寿化の結果であり，喜ぶべきことである。しかし，これまで超高齢化社会については，勤労世代の負担増，産業経済の活力の低下などの面が強調され，暗いイメージで語られてきた。

これからは，地域住民と○市の協働により人生100年時代にふさわしい社会システムを構築し，若い人も希望を持ち，高齢者も本当に長生きして良かったと思えるような，明るく活力のある高齢化社会を築いていきたい。それが基礎的自治体としての使命である。

Q 59 地域福祉と自治体

★★★

1. 急がれる地域福祉の確立

わが国は，すでに人生100年の長寿の時代を迎えている。また，近年の著しい出生率の低下により，高齢者人口の比率が，2065年頃には38.4%を超えると予測されている。

一方，核家族の進行や介護者の高齢化等により，家庭での介護能力が低下している。しかし，高齢者をはじめ誰もが，家族や地域とのつながりを持ちながら，住み慣れた街で自立した生活が続けられるよう望んでいる。そのため行政は，増大する住民ニーズに適切に対応できるシステムを早期に確立する必要がある。

このように○市は，住民に最も身近な政府として，誰もが，いつでも，どこでも，必要とするサービスを利用できる地域福祉を推進する重要な使命を担っている。

2. 地域福祉を阻害する要因

老いも若きも，障害を持つ者も持たない者も，ともに平等に地域社会の一員として心豊かに暮らせる社会を実現するには，次のような阻害要因がある。

第一は，福祉ニーズが増大し，多様化する福祉ニーズに対応しきれていない。今日，できる限り家族や地域社会のつながりを維持したままサービスが受けられる介護保険を前提とした在宅福祉サービスのニーズが高まっている。しかし，行政側は，財政的にも人的確保の面においても制約を受け，すべてのニーズに対応していくことは不可能に近い。

第二は，街の機能が，高齢者や障害者の立場に立っていない問題である。これまでのまちづくりは，効率性や利便性を優先し，高齢者や障害者への配慮に欠けた面がある。段差のある歩道，施設や横断歩道橋の階段等，高齢者に不便だったり，苦痛や危険を伴う場合が多い。それは，高齢者等の社会参加を阻む要因にもなっている。また，都市化の急速な進展によって高齢者達の憩える場が減少している。

第三は，地域福祉を向上させるための行政体制が未整備な問題である。現在の行政組織は，福祉，保健・医療，住宅等の対策がタテ割で行われており，個々の高齢者や障害者に対して総合的なサービスが提供できていない。また，行政内部のセクショナリズムは，情報を共有できず対応がバラバラで，サービスを受ける際の手続きが煩雑になっている。

採点者の目：福祉現場の実情を踏まえた論文が求められます。

3．地域福祉の向上をめざして

地域福祉は，地域住民の主体的な参画のもとに，行政，民間団体，企業等の連携と協働により推進していくものである。その中でも○市は，総合調整者として果たす役割が大きい。そこで，次の施策を展開したい。

第一は，福祉サービスの量を拡大し，ニーズの多様化に対応していく。そのためには，地域コミュニティの育成を図り，地域の住民がサービスの受け手にとどまらず，サービスの担い手として積極的に参加できるようにする。参加の一形態としては，ボランティア活動がある。自治体は，ボランティア活動を円滑にするため，情報提供や連絡，仲介を行ったり，ボランティアに対する教育，訓練等を講じる必要がある。さらに，グループホームへの助成やデイケアセンターを整備し，地域社会ぐるみで在宅福祉を充実させていく。

第二は，潤いのある福祉のまちづくりを推進していく。高齢者をはじめとするハンディを持つ人にとって住みよい街は，すべての人にとって暮らしやすい街である。歩道の段差解消や幅員の拡大，歩道橋の撤去，公共施設のエレベーターの設置や誘導用ブロックの設置等を一層促進させ，高齢者等が安全に生活できるよう整備する。また，歩行者の憩いのための小広場や緑道の整備を進め，潤いのある街にする。

第三は，行政のタテ割組織を克服し，ヨコの連携を強化していく。現在のサービスは，福祉，保健・医療，住宅等分野別や高齢者，障害者等対象別に専門分化している。そこで，サービスのしくみを，住民の生活の視点から地域において組み替え，ニーズに見合ったサービスを効率的に提供していく。そのためには，高齢者や障害者の窓口を一本化し，行政のデジタル化を進め総合的なサービスが受けられるようにする。また，公共施設等の利用にあたり，インターネットや携帯メールによる受付など簡素化を図り，住民ニーズに迅速に対応できるよう改善する。

4．求められる新しい行政

超高齢化や国際化・少子化等，行政を取り巻く社会の環境が大きく変化している。自治体は，社会環境の変化に的確に対応し，地域福祉を充実させ，住民がこの街に住み続けたいと願う快適な都市づくりを進めなくてはならない。

また，地方分権・地方創生の進む中，基本的自治体としての道を歩むためには，様々な課題に対処できる新しい行政を構築する必要がある。そのために○市は，組織を活性化させ，より高度な政策の形成や行政サービスの向上が図れるよう，不断の努力を続けていかなければならない。

Q 60 地域福祉と自治体

★★★

1. 地域社会の現状

東京オリンピックで長嶋巨人軍名誉監督が聖火ランナーを務めた。脳梗塞で倒れ，一年前は寝たきりの状態からの出場であった。聖火を持つために一生けんめいリハビリし出場した。体に障害があっても松井さんと王さんと共に歩く姿は我々に感動を与えたものであった。

それに対し，○市においては，高齢者や障害を持つ人が積極的に社会の一員として活動するのは難しい状況にある。その原因は，急激な高齢化の進展によるハード・ソフトの整備の遅れや，地域コミュニティの衰退による，地域の一員として生きていく姿勢の欠如にあるといえる。しかし地域には，まちづくりやボランティアなどを通じて，地域に関わろうとする人々も増え始めてきている。

○市としては，人々の社会参加の高まりを支援するとともに，住民と力を合わせて，誰もが安心して暮らせる地域社会を築いていくことが求められている。

2. 住民が抱える不安感の要因

地域に住む人々は，少子化，高齢化の進展で，介護の問題や在宅福祉の実現がどうなるか大きな不安を抱いている。行政としては，誰もが安心して高齢期を迎えられるよう，次の課題を解決する必要がある。

第一に，地域コミュニティが衰退していることである。阪神・淡路大震災では，犠牲者の多くが高齢者や障害を持つ人達であった。近隣同士の助け合いや気配りなどの連帯の意識の喪失は，地域を終のすみかとする人々の不安を増大させている。さらに，地域の活動が，活動者の高齢化や定型化された行事，決まった参加者などにより，魅力に乏しいものとなっている。

第二に，高齢者や障害を持つ人達への配慮に欠けた生活環境となっていることである。経済活動優先のまちづくりのもと，健常者の視点で各種公共施設ができている。そのため，暮らしに密着した商店街の道路や駅などが，階段や商品の突き出し等により，生活しづらい状況である。また，高齢者や障害を持つ人々にとっては，歩道をふさぐ放置自転車により，安全に外出できる状況ではない。

第三に，福祉サービスが増大するニーズに対応しきれていないことである。急速に高齢化が進み，寝たきりや認知症などの要介護高齢者は増加している。しかも，核家族化や介護者の高齢化などにより，家族の介護機能は限界に達している。また，住み慣れた地域での生活を望む高齢者や障害を持つ人達に対する在宅サービスも，24時間ケアの試み対応がなされているものの質・量ともに

採点者の目：課題の背景の部分は，新鮮なものほど良いです。採点者の目を引いて評価が高くなります。

不足しているのが現状である。

3. 住民が安心して住み憩えるまち

地域に住む誰もが安心して暮らせるように，自治体は，以下の施策に取り組む必要がある。

第一に，地域コミュニティの形成を支援し，地域社会を活性化させていく。それには，独り暮らしの高齢者への声掛け運動や地域での災害弱者支援などのボランティア活動を，行政として広報で取り上げたり，活動費の助成など，側面から支援する。こうして，日頃から地域社会を活性化させることで，いざという時の近隣の助け合いを確立する。また，まちの特色を生かした伝統芸能や祭り等のイベントを，自治体が地域住民や企業とともに開催する。こうして地域の魅力を高め，若い人の参加も募っていく中で，地域の活力を高めていく。

第二に，まちづくりを高齢者や障害を持つ人達の視点で進めることである。商品の突き出しを許す風潮を改めるため，広報等で是正を呼びかけて世論を喚起する。さらに，公共建築物の段差をスロープ化し，歩道橋の撤去や駅のエスカレーター設置の助成も進める。また，放置自転車対策として，住民や企業と放置自転車協議会を設置する。そこで，レンタサイクルを活用し，自転車の使用抑制と秩序ある駐輪の実行を行う。こうした安全対策を進めることで，少しでも高齢者や障害を持つ人も気軽に外出できるようになり，地域社会に溶け込みやすくなる。

第三に，介護保険が適用されるケースでも，さらなる在宅福祉の実現を目指して，行政のデジタル化に合わせて福祉サービスの充実に努める。そのため，保健師，看護師，ケースワーカー，ヘルパーが連携して，在宅要介護者の福祉ニーズを調査する。そして，その調査結果をもとに，保健・医療・福祉の連携がとれた，官民による地域トータルケアサービスを行っていく。また認知症高齢者のグループホームの助成をし，さらには福祉コーディネーターなどの人材育成を確保をし，様々な福祉ニーズにも対応できる体制を作る。

4. これからの地域福祉に向けて

従来の福祉とは低所得者や弱者といわれる人達に与えられるものであった。しかし，これからの福祉は，与えられ施されることから，身体状況に支障が生じた時には，自己の主体的な意思，サービスの選択によってこれまで通り暮らしていけるような体制づくりが求められている。こうした，地域に住む人々が，地域の一員として暮らせるまちを作るため，○市は住民の声に耳を傾け，生活者の視点に立った施策を進めていかなければならない。

Q 61 地域福祉行政のあり方と市政

★★★

1. 高齢社会をどうする

65歳以上の高齢者人口は，総人口の29.1%を越えており，2060年には，2.5人に１人は高齢者になるという。また，厚生労働省の調査によると，高齢者の５人に１人は，２年以上も要介護状態が続くとされている。しかも，核家族化や女性の社会進出，地域の連帯意識の希薄化などにより，家族と地域の両面において介護機能は失われつつある。

本格的な高齢社会を迎えて住民一人ひとりが住み慣れた地域で安心して生活できる社会を築く必要がある。

この状況を踏まえ，○市は家族のみならず社会全体で高齢者の介護を支えあう仕組みをつくらなければならない。

2. まったなしの福祉行政の課題

これまで○市は，福祉施設の建設など，住民が住み慣れた地域で安心して生活できるように，絶ゆまぬ努力をしてきた。しかし，急速な高齢化の進展などの社会の変化により，行政だけでは対応しきれなくなった。こうした視点に立つと，○市は次の課題に取り組む必要がある。

第一に，高齢化に対する住民の理解と主体的参加が不十分なことである。

福祉サービス需要の増大に伴い，行政の能力に限界が生じてきている。福祉活動を行うボランティアが不可欠となっている。しかし，ボランティアの自主性を生かしつつ，行政との協働関係を築く仕組みがない。また，住民の意識の中には，福祉に関しては行政に依存するという面もある。

第二に，保健と医療，福祉の連携が不十分なことである。

高齢社会の到来は，福祉ニーズの増大を生じさせている。しかし，行政サービスを受ける住民からみると，介護保険があっても従来の在宅福祉サービスや施設福祉サービスだけでは質・量ともに対処できない状況が生まれてきている。また，保健，福祉，医療のそれぞれがバラバラに対応していることが多く，効果的なサービスとなっていない。

第三に，従来の制度が住民にとって利用しにくいということである。

○市の高齢者を対象にした実態調査をみると，福祉サービスを知らないとか，利用方法がわからないなどの結果がでている。この原因の一つには，福祉行政が申請主義などの待ちの行政になっていることが挙げられる。

> 採点者の目：福祉施策は日進月歩で進んでいますので日々新聞等で情報を新たにしてください。

3．住民とともに福祉社会を実現

社会全体で高齢者の介護を支えるには，地域で暮らす住民の視点を取り入れ，福祉サービスの量及び質を充実していく必要がある。こうした視点から，○市は次のように取り組まなければならない。

第一に，福祉活動への住民の理解を深め，主体的参加を促すことである。

住民意識の向上を図り，地域福祉サービスの担い手として誘導していく。そのためには学校教育や生涯教育のカリキュラムに福祉施設での体験学習や介護実習を取り入れる。また，福祉サービス人員を確保するため，ボランティア，ＮＰＯへの資金，情報面での支援を行っていく。ボランティア，ＮＰＯと行政との協働関係を築くため，協議会を設け，意見交換を行う。

第二に，介護保険対象の下でも保健と医療，福祉の連携を強化していくことである。

訪問相談やニーズ把握とケース診断，個々に対応したサービスの提供などの連続性の確保が重要である。そのためには，地域福祉サービスのエリアを設定し，保健師，ヘルパー，ケースワーカーや医師で地域トータルケアチームを構成し，ニーズに対応したサービスを実施していく。こうした取組みにより，福祉サービスの質量の増大に対処していく。

第三に，住民にとって利用しやすいシステムを構築することである。

そのためには，在宅ケア総合推進拠点を整備することである。この拠点においては，行政の縦割りの弊害をなくし，速やかに必要となるサービスを提供するため，支援のための専門家を集中する。次に，行政のデジタル化を進め，受け身型行政から出前型への転換を図るため，高齢者施設に関する申請の一括受理，代行システムを職員が高齢者宅に出向いて実施していく。この取組みにより，必要なサービスを必要なときに受けやすくなる。

4．豊かな地域社会の構築に向けて

今後は，高齢化はますます進展する。しかし，高齢化に伴う様々な課題を解決していくことにより，地域に潤いと活力を与え，豊かな地域社会を構築することができる。

○市は，税収の落ち込みによる厳しい財政難の今日においても，住民や団体の協力を得ながら，住民一人ひとりが高齢社会を生き生きと暮らせるように全力を傾けなければならない。

Q 62 これからの地域福祉と自治体

★★★

1. 住民ニーズの変化と地域福祉

日本には，世界に類を見ない速さで高齢化の波が押し寄せている。2065年には65歳以上の人口が38.4%を超える超高齢社会になると推定されている。高齢化は，認知症や寝たきりなどの要介護者，身体障害者などを増加させている。さらに，核家族化の進行や少子化，介護者の高齢化，地域コミュニティの喪失など，地域と家庭の両面で介護機能が低下し，福祉ニーズは変化を余儀なくされている。

一方，誰もが家庭や地域とのつながりを持ちながら，できる限り住み慣れた地域の中で自立した生活をしたいと願っている。

○市の財政状況は今後とも非常に厳しいとみられるが，高齢者や障害者の抱える問題は将来誰もが直面することであり，○市は地域福祉を一層充実していかねばならない。

2. 自治体における地域福祉の課題

これまで○市では，経済生活を優先した社会づくりがなされてきた。そのため，地域福祉の視点から見ると，次のような解決すべき課題がある。

第一は，都市施設が高齢者や障害を持つ人達への配慮に欠けていることである。これまでともすれば効率性や利便性を重視したまちづくりのもとで，健常者の視点から色々な施設がつくられてきた。そのため，暮らしに密着した生活道路の段差や，商店や駅などの入口の段差や階段など，その利用を妨げる状況がある。また，生活の基盤となる住宅についても，床や風呂場の段差等で高齢者が怪我をしたり，車椅子の利用が阻害されたりするなど，在宅生活に支障がでている。

第二は，在宅で生活できる福祉サービスがまだまだ不十分なことである。施設入所や入院をせずに何とか地域で生活したいと願っても，必要な援護がなくては暮らせない。また，介護保険が適用されても，サービス提供は不十分である。さらに，経費負担の関係でも不安は残る。

第三は，地域社会の協力体制が不足していることである。○市への業務機能の過度の集中や都心部の人口の空洞化は，地元産業の減少や地域住民の組織力の低下を招いた。そのため，地域の連携が不足し，相互扶助の意識が薄らいできている。大震災による被害が危惧されている中で，寝たきりの高齢者などの地域での避難活動がまず不安だ。また，地域での日常生活に対する高齢者や障害者への援助体制は，まだまだ一部の地域でしかない。

> 採点者の目：良くまとまっています。福祉に対する思いも伝わってきます。

3. 誰もが住み続けられる社会をめざして

あらゆる人が人間として尊重され，いきいきと生活できる地域社会を実現するため，○市は次のような取組みを行うべきである。

第一は，高齢者や障害を持つ人達の視点で都市整備を進めることである。生活に密着した建物や道路などの段差をなくし，出入口をスロープ化する事業をさらに進める。また，すべての駅に，エレベーターやエスカレーターの設置を推進していく。こうした事業は，住民や企業の協力がなければ進まないので，施設の計画の段階から参加を呼びかけたり，見直しを進めるなどして，住民と企業，○市が一体となって進めていく。さらに，公営住宅のバリアフリー化を推進するとともに，個人住宅の障害を除去するため改築修繕資金の助成を拡大して，高齢者や障害者の在宅生活を一層援助していく。

第二は，在宅福祉サービスの量的，質的拡充を図ることである。人は住みなれたまちで，家族や友人に囲まれて暮らしたいと願う。すなわち，自律的生活を援護するサービスや家庭介護者への支援が，いつでも身近な地域で受けられる体制の整備が必要となる。地域サービスの核である在宅サービスセンターや地域包括支援センターを一層充実して，寝たきりの介護と予防，リハビリ・ショートステイなど保健・医療・福祉の連携を行うことが大切である。また，介護保険適用外の有料のサービスの導入やボランティアなどの民間活力を積極的に推進して在宅福祉を一層進めていく。

第三は，住民の相互扶助体制を築いていくことである。景況が不安定な中で税収の先行きは不透明で，行政がすべてのニーズに対応することは，財政的・人的に限度がある。そこで住民が自らできることは行い，共に支え合っていく体制がこれからの地域社会に欠かせない。近隣住民による緊急通報連絡体制，余暇時間にボランティアとして活動するボランティア登録制度により，住民の協力を引き出していく。また，相互扶助意識を高める啓発活動を，学校・社会活動の場で粘り強く行っていく。

4. これからの地域福祉

行政はいかにして増大する福祉ニーズに対応するべきなのか。自治体の財政と人的資源に制約がある以上，サービスに対するコスト意識と市民との役割分担を明確にしていく必要がある。

そして，行政は，来たるべき超高齢社会に備え，住民と手を携えて未来の地域社会の基盤を築いていかねばならない。

Q 63 福祉のまちづくりと自治体

★★★

1．福祉のまちづくりを取り巻くもの

国勢調査に基づく○県の将来人口推計によれば，人口の高齢化は予測を上回る速さで進行している。加えて，女性が生涯に産む子供の数は依然減り続けている。一口に言うならば，これからの時代は支える人口が減り，支えられる側が増えることを意味している。

また，好調な経済状況の中でも税収の先行きは不透明である。これからも景気の波はあるとは思われるが，税源の厳しさを前提とした施策の展開が必要である。

このように人手も金も限られた時代に地域福祉を充実させるには，これまで以上に民間のパワーに負うところが大きくなる。住民参加を待つのではなく，行政が住民の中に入っていく視点と積極性が求められている。

2．福祉のまちづくりに求められるもの

このような中で身近な○市は様々な工夫を凝らしつつ各種の施策を進めているが，これからの厳しい時代に対応するため，次のような課題を克服していかなくてはならない。

第一に，マンパワーの確保である。施設や器具はあくまでも補助的なものであり，血の通った福祉を実現するためには，人の手がどうしても必要である。そしてその数は，対象や施設の広がりに応じてより多く必要となる。一方，職員は限られており，外部事業者への委託等を進めるにしても自ずと限度がある。今後は今まで以上にボランティアを掘り起こし，能力を高め，有効に活用しなくてはならない。

第二に，地域の住環境整備のさらなる推進である。高齢化の波を乗り切るには在宅福祉の推進が不可欠であると説かれて久しいが，在宅の「宅」の部分の整備がまだ不十分である。現に，住宅が狭い等の理由で，自治体がサービスを用意しても利用できないでいるケースが少なくない。また，居住者の高齢化に伴い，改善が必要となる住宅も今後ますます増えていく。住環境の整備には時間がかかる。今から，少しずつでも着実に，幅広い改善策を進めることが大切である。

第三に，各種福祉施設の整備も依然必要性が高い。介護保険適用の下で在宅福祉を推進すると言っても，特別養護老人ホームや親なき後の障害児施設等，既存の施設ではまだ十分とは言えず，さらに効率的に整備を進める必要がある。

また，段差の解消やスロープの設置といった障害者に優しい公共的空間の整備を進めるには，県や国，民間部門とも力を合わせて，事業を進めていく必要

> 採点者の目：まちづくりとボランティアの切り口は大変面白いと思います。

がある。

3. 福祉のまちづくりを進めるには

これらの問題点の解決に向けて，○市は当面，次のような方策をとることが必要である。

第一に，ボランティア対策の充実である。参加希望者を受け入れ配置するコーディネーター機能の拡充のほか，ボランティアグループに対する財政援助，ノウハウの蓄積と提供，活動の場の提供といった支援態勢も充実していく必要がある。

ボランティアの体験記を読むと，「助けられたのはむしろ私の方だ」という述懐をしばしば目にする。ボランティアの本質的喜びはここにあると思われる。このような喜びを伝える広報を重ねるとともに，実際に体験してもらう形の啓発活動に力を注ぐ必要がある。

第二に，住環境の整備にあたっては，住宅の更新時期に的確な誘導と助成を行う必要がある。たとえば設計にあたっては，永く住み続けることの出来る住宅とするための留意点をパンフレットにまとめ，建設業者の事務所等で配布してもらう。そのために工費がアップするならその差額に対して補助を行う，といった地道な施策を続けていくことが必要である。また，高齢者，障害者にとって優良な住宅についてコンテストを行うなど，広く一般に対しての啓発活動も忘れてはならない。

第三に，福祉施設の充実にあたっては，住民の要望を的確につかみ，将来に向けた必要性をも検討して優先順位の高いものから整備を進めなければならない。運営については，他の施設との連携を図る，民間のノウハウを活用するほか，ボランティアを受け入れやすい態勢をとるなど，有機的にかつ効率よく機能するよう配慮しておく必要がある。

公共的空間の整備については，県や国との連携を密にしながら，福祉のまちづくり整備指針を広く周知する等して民間企業者に対し協力を求めていくことが必要である。

4. 血の通った福祉をめざして

今日の生産年齢人口は明日の高齢者である。この点が実感できれば，福祉へももっと主体的な目を向けてもらえるようになる。目前に迫った超高齢化社会という災いを，転じて福とする気持ちで積極的にＰＲし，住民の声に耳を傾けながら議論を喚起していかねばならない。

行政の究極の目的である福祉のまちづくりを効果的に推進するには，限られた資源を，住民の選択の下に，最も有効なツボに投入することである。私はそれを有効たらしめるのは人の真心であることを肝に銘じて一歩一歩前進したい。

Q 64 福祉のまちづくり

★★★

1. 地域の変容と高齢化社会への不安

これからの○県は本格的な超高齢化社会を迎えている。高齢化は欧米の2倍から3倍以上の速さで進行し，2060年頃には2.5人に1人が高齢者になると予測されている。一方，○市を取り巻く社会環境の変化も著しい。激しい人口移動，外国人居住者の急増など，地域は基盤から変容しつつある。好調な経済状況の中でも，中高年には相変わらず厳しい雇用情勢のもとにあり，住民の生活に対する不安，とりわけ高齢期への不安は募るばかりである。

しかし高齢者のボランティア活動など，住民の社会参加が見え始めている。これからの○市は，住民の自主活動を側面から支援する必要がある。そして，厳しい財政状況の中で，住民と力を合わせて，誰もが安心して暮らせる福祉のまちづくりを推進していかなければならない。

2. 高齢者への配慮に欠けるまちづくり

これまでも○市は，特別養護老人ホームの建設やホームヘルプサービスなど，様々な福祉施策を展開してきた。しかし，住民の視点に立つと，次の解決すべき問題を抱えている。

第一に，生活環境が，高齢者や障害者にとって，決して安全とは言えないとともに使い勝手がよくないことである。これまでのまちづくりは，利便性の追求に重点が置かれ，高齢者達への配慮が充分でなかった。近年，改善されてきたとは言え，歩道の段差や公共施設の階段，さらに放置自転車など，高齢者達が外出しにくいまちとなっている。家の中でも，敷居の段差や階段に手すりがないなど，改善すべき点が多い。

第二に，急速に進む高齢化に伴う在宅福祉への対応が遅れていることである。寝たきりや認知症など，要介護高齢者が増え続ける一方，核家族化や介護者の高齢化により，家庭の介護機能は限界に近い状態である。そのため，特別養護老人ホームを建設しても，待機者は後を絶たない。そして，入所できない者は一時的に入院生活を余儀なくされるか，家族への過重な負担に頼るしかない状況となっている。

第三は，地域のコミュニティが衰退傾向にあることである。これまで，地域での助け合いは，快適な生活を営む上で大切な要素であった。しかし，激しい人口の移動や都市化の波の中で，地域の連帯意識は希薄化し，協力体制も弱まっている。超高齢化社会を迎え，一層求められる地域の相互扶助機能は，危

> 採点者の目：良く書けていますが，ボランティア活動の背景は現在は単なる余暇時間の増大ではないと思います。

機に直面している。

3. 増大する福祉ニーズに応える

住民の誰もが住みなれたまちで安心して暮らせるよう，自治体は次の施策を積極的に展開しなければならない。

第一に，高齢者や障害者が安心して暮らせるよう，生活環境を整えることである。まず歩道の拡幅，段差の解消と公共施設へのスロープの設置をさらに進めていく，歩道橋の撤去もする。また，放置自転車対策として，駅前周辺の駐輪場確保に努めるとともに，地元住民や商店街の協力を得て，追放キャンペーンを展開する。さらに，民間住宅のバリアフリー化に向け，補助金の充実を図るとともに，融資に優遇制度を設けていく。

第二に，増大する在宅福祉のニーズに対応して，福祉施設を質的に高めていくことである。そのために，官民のコーディネーターが協力し，在宅高齢者の福祉ニーズを把握する。その上で，効率的に，在宅福祉サービスの提供を図るなど保健，医療，福祉の連携を進めていく。また，家族の負担軽減を図る上でも，デイケアやショートステイ施設を充実する。さらに，認知症高齢者グループホームを建設し，特別養護老人ホームの建設に合わせ，グループホームの併設を進め，企業型のグループホームも建設を促進し，地域福祉の拠点としていく。

第三に，良好な地域コミュニティの形成を支援していくことである。そのために，平日の空き教室を高齢者の趣味の場に開放したり，学校給食を子供達が高齢者のもとに届けるなど，世代間の交流を図る。次に，住民から企画を募り，子供から高齢者まで参加できるイベントを開催する。そして，積極的な住民をコミュニティリーダーとして育成していく。さらに，ボランティアやリサイクルなど自主活動グループの情報を収集し，同じ問題意識をもつグループのネットワーク化を図り，新たなコミュニティとして支援していく。

4. 住民とともに実現ある福祉のまち

厳しい財政状況が続く中で，ひとり○市の力だけでは，どのような施策も遂行することは難しい。これからの自治体は，住民の信頼のもとに，人々と手を携えて行政を運営していかなければならない。こうした前提に立ち，○市は常に住民の視点を忘れることなく，豊かな福祉社会を構築しなければならない。そして，行政のたゆまぬ努力と実行によって，必ずや，安心して暮らせる福祉のまちづくりが実現できるものと確信する。

Q 65 高齢者対策と自治体

★★★

1．高齢者を取り巻く状況

東京都の高齢者人口は，2022年の約312万人から，2050年には約400万人に増加し，都民の31％が高齢者となると推計されている。また，都内の要介護（要支援）認定を受けている高齢者のうち，何らかの認知症の症状を有する人は，令和元年時点で約41万人に上り，令和７年には，約55万人に達するといわれている。こうした中で，高齢化の進行とともに，医療ニーズの高い高齢者や重度の要介護者，単身の高齢者世帯等が激増しており，こうした方々を支えるサービスや人材の確保等を全力で取り組むことが自治体に強く求められている。

2．高齢者が健康で自分らしく暮らせるための問題点

高齢化社会は，社会保障費の増大，介護負担の増大，生産年齢人口の減少など深刻な問題があり，自治体として取り組むべき次のような課題がある。

第一に，特別養護老人ホームや介護老人保健施設等の介護基盤が不足している現状である。令和２年時点で都の特養待機者は約７万９千人で全国１位の状況で，深刻そのものと言っていい。認知症高齢者グループホームも対象者の増加を考えるとそれらの増設は緊急の課題といえる。

第二に，医療現場や介護現場での人材不足の現状である。高齢化による医療対象者の増加は，介護現場での人手不足ほど顕在化してはいないが，地域的には既に深刻になりつつあると言ってよい。開業医そのものも高齢化している現況からすれば，自治体として早急に取り組むべき課題である。

第三に，高齢化が進むということは，少子化が進むということでもあり，表裏一体といえる。2060年には，高齢化率が４割に達すると言われており，少子化対策も急務といえる。認可保育所，認証保育所などの新設や保育士の確保など強く取り組むべき課題である。

> 採点者の目：高齢者対策は、新しい課題が次々と出ますので情報収集を怠らないように。

3. 高齢化社会に対する取り組み

高齢者の住み慣れた地域での継続した生活を支えるために次のような取り組みをしたい。

第一に，特養や介護老人保健施設等の整備のための土地について，公有地の活用をしたり，民有地の賃借の際の補助率を更に上げるなどをする。また，施設整備の主体は，地方でも力のある運営団体を呼び込むような助成率を考慮する仕組みを導入していく。更に，整備状況が十分でない地域への補助加算をかさ上げし，整備を強力に推進していく。

第二に，深刻化する医師不足に対しては，女性医師が結婚や子育てで復職しやすいような環境整備をする。例えば，保育所入所を加点して復職しやすくする。また，待遇面で劣る病院には，集まりにくい医師のポストに対し補助制度などを導入する。介護職の不足に対しては，低い賃金による離職も多いことから，一定率の助成を行い，再就職についても，支度金制度などいろいろ工夫しながら介護士確保を強力に推進する。

第三に，高齢化対策は，少子化対策でもあるので，保育所等の場所確保についてはより踏み込んで，自治体が直接賃借し，駅前の場所での開設など積極的な支援を保育運営団体に対しておこなう。また，保育士の勤務軽減のためにセンターを設置し，応援保育士のシステムも導入する。子育て世帯に対する支援は，多岐にわたるが，自治体として，少子化施策を強く推進する。

4. 高齢化社会に向けて

超高齢化社会といわれる状態が，今後ますます深刻化していくことは間違いない。そのために，国や企業，ＮＰＯ，地域のボランティアなどと知恵を絞って，高齢化社会と向き合ってより一層，前向きな施策を推進したい。

Q 66 人にやさしいまちづくりと自治体

★★

1．人にやさしい都市とは

県民要望に関する世論調査では，住民の要望のトップに高齢者対策が８年続いている。このことは，自治体が高齢者を中心とした対策により一層重点をおくよう求められている状況を示すものである。また，ここ数年，ゴミ対策が要望の上位を占め始めている。このことも，ゴミ対策などの環境対策が，豊かな都市生活環境を守るために，自治体が実施すべき施策として問題化していることを示している。

これらのことから○市は，高齢者，障害者，外国人を含む，すべての人々が共に生きる社会，さらに人と自然が調和できる「人にやさしい」社会をめざして，力強い政策づくりが緊急の課題となっている。

2．従来のまちづくりに欠けているもの

都市に住み，生活する市民のための豊かな都市生活環境を作るまちづくりを○市は実施しなければならないが，次の点に問題がある。

第一は，人にやさしい施設不足の現状がある。高齢者や障害者にとっては，利用困難な施設があまりにも多い。例えば，歩道にしても段差は多いし，駅などにも，スロープ化している通路は少数である。また，外国人が施設を利用しようにも，利用の表示方法，施設内の案内等不備が多いのが現状である。

第二に，人にやさしい社会に必要なボランティアなどの人材不足がある。人にやさしい社会においては，高齢者，障害者が自立して，生きがいをもって生活することが重要であるが，ボランティア等の介助が必要不可欠であることは言うまでもない。しかし，このボランティアの量的な不足がある。また，重度の障害者等に対しては，一定の知識経験を持ったボランティアも必要になり，その意味での質的な人材不足の現状もある。

第三に，人にやさしいまちづくりを推進するための情報のネットワークが不足している点である。ゴミ収集のボランティアをやろうにも，どこへ，何をすればよいかなどの点は問い合わせ先さえ住民はわからないのが，現状である。また，福祉ボランティアをしようにも，どこへ行って何をすることができるかの案内は，行政の窓口等が個別に対応している。このようなことでは，高齢者や若者も，障害をもつ人もそうでない人も，共に暮らし，人にやさしい社会は実現しない。

3．人にやさしい都市の構築に必要なもの

あらゆる人々の生き方が尊重され，互いの存在を等しく認め合うことが求められている中で，○市は，次の点から，人にやさしいまちづくりを進めていか

採点者の目：世論調査を書き出しとして何本か用意すると，論題に対応しやすくなります。事前準備としてはグッドです。

ねばならない。

第一は，人にやさしい施設づくりである。公共施設は，高齢者向け，あるいは，障害者用に，スロープ，トイレ等の施設づくりをしているが，より一層，推進しなければならない。さらには，民間施設に不備が多いので助成策や指導要綱づくりなどによって，高齢者，障害者にとって使いやすい施設づくりをすべきである。また，外国人にとって使いやすい施設づくりも，民間施設を中心に同様のことを行いたい。

加えて脱炭素化のための政策として，太陽光パネル設置義務化の充実，緑の減少を防ぐための樹林，樹木等への助成制度を推進する。

第二に，あらゆる人が共に暮らし，人にやさしい社会が普通の社会であるというノーマライゼーションの考え方を持ったボランティア等の人材育成である。

高齢化社会や国際化社会をむかえて，行政だけでは，さまざまな問題にすべて対応はできない。そのために，多くのボランティアが必要となる。福祉ボランティアや清掃，リサイクル活動などの環境ボランティア，外国人に語学指導したりする国際ボランティアなどの人材の募集と育成を積極的にやらなければならない。もちろん，行政側も，職員のノーマライゼーションの考え方を十分理解させるための実践研修，例えば，新人職員の福祉施設での研修等，積極的に推進する。

第三に，人にやさしいまちづくりをするための情報のネットワーク体制の確立である。

福祉ボランティア，環境ボランティアが，活動するための場所，時間，仕事量など細かく情報としてストックしておいて，より積極的に，あるいは簡単にだれでもボランティア活動ができるようにしなければならない。また，町会，自治会，ＰＴＡ，青少年団体と密接に連絡をとりあって，自治体の行事や各団体の行事に，ボランティアのメニューを常に加えるようにして，住民がボランティアに参加しやすいような工夫も必要である。

4．地域住民のために

超高齢化・国際化の中で，行政需要は拡大する一方である。そして，行政がそのすべての需要に対応することは困難である。福祉ボランティアや環境ボランティアの発見・育成は○市にとって，今後重要な施策の一つとしなければならない。そのために私は，地域の町会，自治会，ＰＴＡ，企業等と連携をとりあって，人にやさしいまちづくりを推進する所存である。

Q 67 人にやさしいまちづくりと自治体

★★

1. やさしいまちづくりが求められる背景

最近の都市部の人口構造の変化をみると，超高齢化・少子化が一層進展している一方，県内の外国人登録者数は，10年前の２倍をはるかに超える○万人に達している。また，好調な経済状況の中でも，中高年の雇用環境は決して良くない。

都市生活に関する世論調査によれば，「○県が住みにくいと感じる人」の割合が1985年以降，それまでの減少傾向から増加傾向に転じ，この傾向は現在でも続いている。

これからの○市は，こうした状況をふまえ，高齢者も若者も，障害者も健常者も，女性も男性も，そして外国人も，だれもが安心して共に暮らせる，豊かな地域社会を築いていかなければならない。

2. やさしいまちづくりの阻害要因

やさしいまちづくりを阻害している要因としては，次の点があげられる。

第一は，これまでのまちづくりが，どちらかというとハード面での都市基盤整備に重点がおかれており，ハンディキャップをもつ高齢者や障害者などに対する配慮に欠けていた点である。そのため，歩道の段差や公共施設の階段など，高齢者や障害者が外出しにくいまちが形づくられてきた。

第二は，外国人に対する情報の不足である。県内で生活する外国人の多くは，文化・習慣の違いや言葉の壁のため，地域の中で孤立しがちである。子どもの教育の問題から日常生活上の例えばゴミの出し方，さらに防災面での訓練・連絡体制など，外国語による情報が不足しているがためのトラブルも発生するようになってきた。

第三は，コミュニティの欠如である。現代では，住民の生活様式も価値観も多様化している。さらに，都市における匿名性の気楽さもある。ところが，これらのデメリットとして，他者への無関心や隣人との没交渉の度合いが強まっている。このような状況の中では良好なコミュニティが形成されえず，豊かな地域社会の構築をめざしてやさしいまちづくりを進めていくうえでの，最大の障害となっている。

3. やさしいまちづくり推進のための施策

このような問題を解決するために，今後○市は，次のような施策をさらに積極的に推し進めていく。

採点者の目：施策が自治体の仕事か否かの視点は非常に重要です。

第一は，ハード面で人にやさしいまちをつくっていくことである。歩道の段差を解消し，公共施設には車椅子用のスロープや点字ブロックを設置する。歩道橋も撤去して高齢者や障害者の外出を側面から援助する。また，民間施設に対しても，これらの施設を設置する際に補助金を出したり，良好な施設を建設した事業者を顕彰するなどの施策を実施することにより，まち全体を人にやさしいものに変えていく。さらに，バリアフリー型の高齢者住宅や障害者住宅を建設し，社会的弱者が地域で暮らし続けていける環境を整備する。これに加えて，中高年や障害者の就業の機会を増大させるための職業訓練や就職相談会など支援を強化する。

第二は地域で生活している外国人をも視野に入れた施策を展開することである。そのためにまず，道路標識や公共施設の案内板に外国語表記を併記する。また，外国語ややさしい日本語による広報紙やホームページを作成する。さらに，日常生活をサポートするために，日本語教育の場を提供するとともに，生活相談，職業相談，医療相談を充実させる。

第三は，地域のコミュニティ形成への支援である。人にやさしいまちづくりを推進するためには，良好なコミュニティの存在が不可欠である。そのためにまず，地域で活動しているボランティアのネットワーク化を図る。そして，互いの情報交換や意見交換の場を設け，そこで集約された意見や要望を行政に反映できるようなしくみを作っていく。外国人に対しては，日本語教育の場を，外国人同士，また外国人と日本人とのコミュニケーションの場としても活用し，地域のコミュニティの中に外国人をも取り込んでいく。さらに，小中学校の空き教室を高齢者のための施設として利用し，日常的に子どもと高齢者とがふれあえる場を設定する。

4. 豊かな地域社会の構築をめざして

これらの施策を推進するためには，行政の力だけでは不足であり，地域に暮らす住民，企業，そして行政の三者が一体となって，共通の目標に向かって歩んでいくしかない。三者の協働があってはじめて，人にやさしいまちづくりが推進される。これからの○市は，住民や企業と手を携えて，既存の行政手法にとらわれることなく，だれもが安心して住み続けられる地域をつくっていく。そうすることによってはじめて，真に豊かな地域社会の構築という，○市政の目標が達成されるのである。

Q 68 これからの都市基盤整備

★★★

1. まちに求められるもの

少子高齢化の進展やイノベーションを契機とした経済発展，脱炭素化の潮流など，社会経済状況が大きく変化する中で，都市基盤整備に対する住民ニーズは，従来型の業務，商業，住宅の提供へのニーズを越えて多様化してきている。こうした動きから，今後の都市基盤整備においては，世界の人々の交流や情報の集積を図り，アジアにおける経済・文化・技術の情報発信拠点を形成していく必要がある。そして，職・住・学・遊の四つの機能が有機的に連携し，アメニティの高い都市生活を実現するバランスのとれた複合的なまちづくりを目指していくことが求められている。

2. まちづくりの阻害要因

都市に住み，生活する住民のための豊かな都市生活環境を創るまちづくりには，次の点に問題がある。

第一に，防災機能の不十分な点である。東日本大震災では，護岸や防潮堤がほぼ全壊状態で被害を大きくした。また，道路ネットワークも同様な状況であった。自治体は，地震の被害想定を今後，厳しく見積もり，対応することが求められている。また，木造の密集地域は，下町などには多く，この改善も早急に実施していかなければならない。

第二に，経済のグローバル化の進展の中で，都市基盤が十分整っていないことにより交通ネットワークなどが十分機能していない点である。国際的な競争の中で，都市部には，道路，港湾機能などハード面での対応の遅れや各種のサービスやコスト面での非効率な状態を放置している現状がある。

第三に，都市基盤としての公園・緑地の不足の現状がある。東京の一人当たりの公園面積は5.7㎡と，全国平均の10.4㎡に及ばない。また，パリの11.8㎡，ロンドンの26.9㎡など海外諸都市に比べ，まだまだ少ないのが現状である。今後，公園・緑地整備を進めていくためには広く住民に理解と協力を得ながら，計画的な推進が求められてい

> 採点者の目：合格水準です。まちづくりは常に新しい施策を研究してください。

る。

3．都市基盤整備のための取り組み

このような問題を解決するために，今後は，次のような施策をさらに積極的に推し進めていく。

第一に，防災機能の強化拡充を図ることである。大震災を想定した耐震強化岸壁の整備や幹線道路と連結する道路の耐震化や液状化対策を実施していく必要がある。また，被災者対応の際，復旧等の拠点となる建築物の耐震化の促進やライフライン機能の確保を図る施設の耐震化の促進もはかる。さらに，木造住宅密集地域に対しては，地区を指定してモデル事業を行うなど，新たな実効性のある整備促進策を行う。

第二に，世界の人々が集い，交流し，文化を発信し，魅力と賑わいのある国際都市東京を創造する場として，広域的な交通ネットワークの構築を進める。水辺の景観や交通拠点への近接性などの特性を活かし，ライフスタイルの多様化に対応したアメニティの高い，ゆとりある居住を実現する。さらに，渋谷，お茶の水，九段下のビットバレーのような新たな企業コミュニティが形成されるような場を誘導する。

第三に，既定の都市計画公園・緑地について，レクリエーション・防災・環境保全・景観の視点により評価を行い，優先順位を付け積極的に推進する。また，都市計画公園内での建築の規制緩和等のインセンティブを付与し，民間の活力を利用した民設公園を推進したい。

4．地域住民のために

これらの施策を推進するためには，ひとり行政の力だけでは不足であり，地域に暮らす住民，企業，そして行政の三者が一体となって，共通の目標に向かって歩んでいくしかない。三者の協働があってはじめて，人にやさしいまちづくりが推進される。これからの○市は，住民や企業と手を携えて，既存の行政手法にとらわれることなく，だれもが安心して住み続けられる都市を創っていく。私は，このような課題を解決していくために，職員の一人として全力を傾注していきたい。

Q 69 人にやさしいまちづくり

★

1. ふれあいのある東京へ

東京は今，世界経済の一大拠点として繁栄し，国際都市として大きく変貌しつつある。反面，東京一極集中が激化し，住宅，環境，交通等の都市問題が深刻化している。また，大都市では，地域社会に対する無関心層が増加し，連帯意識が欠如してきている。今や巨大都市東京は，快適性や人とのふれあいに欠けた病める街といっても過言ではない。

身近な○市は，地域に住み働く人のために，快適で，さわやかなふれあいのある生活環境を整備する重要な使命を負っている。これからの行政は，きめ細かな施策を展開し，すべての人が共に生きる喜びを分かちあえる人にやさしいまちづくりを推進していかなければならない。

2. 共生を阻む要因

人にやさしいまちとは，高齢者や障害者，在留外国人も含めたすべての人々が共に生き，人と自然とが調和できる社会をいう。しかし，人にやさしいまちの実現には，次のような問題がある。

第一に，高齢者や障害者などハンディキャップを背負った人々が安心して住める生活環境が，整備されていないことである。近隣との交流が少ない都市生活では，彼らが地域で孤立してしまう恐れがある。その結果，独り暮らしの高齢者の孤独死といったケースも少なくない。また，これまでのまちづくりは，効率性や利便性を優先しており，高齢者や障害者への配慮に欠けた面がある。それは，彼らの社会参加を阻む大きな要因にもなっている。

第二に，国際化にふさわしいまちづくりの整備が遅れていることである。近年，国際化の進展とともに東京で住み働く外国人が急増してきた。しかし，外国人にとって東京は，暮らしやすいまちとはいえない。例えば，生活情報の不足により，地域社会のルールが分からず，ゴミの出し方等日常生活においてトラブルを起こしている。また，東京の街が分かりにくいため，ひとりで目的地まで到達できない。さらに，ともすれば住民が外国人を異質な存在とみる傾向が強いため，アパート提供の拒否や地域での交流を避けたりする行動がみられる。

第三に，自然環境が悪化していることである。近年のマンション建設等により，身近な自然が乏しくなっている。都市における緑には，大気汚染物質を吸収し，浄化する能力がある。また，住民にとっては，安らぎや憩いの場を提供している。このような緑の喪失は，都市環境にとって悪影響を及ぼしている。

> 採点者の目：問題点ではバランスのとれた指摘が必要です。採点者は政策責任者でもあることを忘れないでください。

また，河川や運河における更なる水質の改善を自治体は求められている。

3. 人にやさしい都市の実現に向けて

今東京は，数々の都市問題を抱える中で，今後健全に発展していけるかどうかの分岐点にある。そして，住民の連帯による人にやさしい都市の実現こそが東京の健全な発展を導くものである。そのためには，次の施策が必要である。

第一に，高齢者や障害者の社会参加を図っていくことである。そのためには，彼らが地域社会の一員として，生きがいを感じながら暮らせるよう環境を整備する必要がある。例えば，彼らが孤立しないような組織づくり，訪問ボランティアや給食サービスの拡大を図る。また，自由で安全に過ごせるよう駅や各施設へのエスカレーター増設，歩道の幅員拡大等を行い，社会参加を容易にする。

第二に，外国人も暮らしやすいまちづくりを推進していくことである。外国人にとっても地域は生活の場である。まちづくりにあたっては，外国人も安心して快適に暮らせるよう配慮しなければならない。そのためには，公共施設に情報コーナーを設置し，日常生活に必要な情報を，ビデオやパンフレット等で提供していく。外国語ややさしい日本語のホームページを設けネット検索ができるようにする。また，外国語や絵表示併記の案内板を増設し，街を分かりやすくする。さらに，住民が国際人として心の壁が取り除けるよう，各国の文化，習慣等についての学習の機会やスポーツや音楽，料理等を仲立ちに外国人との出会いの場を設け交流を深める。

第三に，市民生活の舞台装置となる自然を回復させることである。我々の生活は，自然との共存の上にのみ成り立っており，自然環境と調和したまちづくりが不可欠である。そのためには，すべての公共施設や街路の緑化を積極的に進め，地域全体にわたって緑のネットワークづくりを行う。また，河川の浄化を図るため，都と連携して下水道の整備を促進し，汚染物質の排水抑制策を強化する。さらに，ゴミの減量やリサイクルを推進させるため，企業や住民の協力を得て，徹底した分別回収や不用品活用情報のネットワークを構築する。

4. 豊かさを実感できるまちへ

これからの東京を望ましいまちにするためには，潤いのある自然環境のもとで，地域に住むすべての人の生活が真に豊かさを実感できるものでなければならない。そのためには，住民の最も身近な政府である○市の果たす役割が大きい。行政がイニシアチブを十分発揮し，住民の協力や参加を得て施策を着実に展開していけば，必ずや理想的な共生都市が実現できるものと確信する。

Q 70 文化活動に対する取り組み

★★★

1. 文化的な豊かさを求めて

バルセロナ，グラスゴー，ナントをはじめとしていくつもの都市が地域の文化化を推進することによって文化力を高め，それが国全体の魅力や活性化につながっている。東京は，日本の顔となる魅力づくりを通じて文化力を高めて，ひいては日本に魅力を感じるように，その存在価値を高めることが，今，強く求められている。

2. 文化施策推進の阻害要因

世界の人々が文化的魅力を感じる世界都市・東京の○市という目標を確実に達成するためには，次のような課題がある。

第一に，文化活動に対する支援が不十分な点である。東京には多くの文化団体，アーティストが日々さまざまな文化活動を行っているし，江戸時代からの伝統文化も蓄積している。しかし，現状ではこのような文化的資源を生かして，個性あふれる文化を創造・発信した施策の展開が不十分である。

第二に，関係機関との連携が不足している。ＮＰＯなどをはじめとする民間団体，企業との連携が不足している。民間のたくさんある能力を活かしていない現状がある。また，国，他自治体との役割分担，広域的な自治体レベルでの協力・連携をどうするかなどの課題がある。

第三に，これからの文化施設運営の問題である。好調な経済状況の中でも税収は厳しい現状があり，限られた財源を有効に，効率的に使うことが求められている。指定管理者制度で民間の力を活用した施設運営をより一層推進しなければならない。

3. 目指すべき文化施策

私は，○市の文化振興の新しいページが開かれるために次のような取り組みを行う。

第一に，文化政策の目標の明確化と評価の実施，既成概念に囚われ

採点者の目：よく書けていますが，書き手がどの立場で論述するかが重要です。

ない文化政策の展開である。文化政策においても何を・いつまでに・どのくらいという具体的な目標設定を定め，どのように実施していくのかを明確にしていく必要がある。そして，評価方法，指標，評価者等について十分検討し，評価を実施する。また，アニメフェアのような世界に冠たるフェアをやることで，世界のデザイン関係者，ファッション関係者が一堂に会して交流すれば新たな契機が育まれる。今後，日本は，非言語系の文化で勝負したい。

第二に，役割分担をすることである。地域住民に近い活動は市町村が行い，文化的人材育成や職員育成などセンター的役割は，都道府県が行うという棲み分けをしていく。また，民間・企業メセナ等ができないことを側面からサポートし，民間活力を導入したアクティビティを繰り広げていく。熊本県では，研修会の開催や小さなホール運営による文化振興を支援するバックアップ事業を多数行っている。

第三に，文化施設については，財政的な視点からも積極的に指定管理者を導入していく。一方で，文化施設のミッションの明確化をする。何を提供していくべきなのか，何が求められているのか，というミッションを具体的かつ明確に設定する必要がある。また，文化施設の評価手法も検討しなければならない。観覧者数や収支比率等の定量的評価に加え，文化施設のミッションがどこまで実現できているかという観点で，定量的に捉えられない企画内容についての質的評価，顧客満足度，教育機能等の評価指標も検討する。

4.　住民との連携による文化活動

文化は，ただ現在を生きている人々だけのものではない。私達の子，孫の世代から託されている。

都市の中で伝統文化を守り，新しい文化を創造し，次世代へ伝えていく自治体の責任は重い。○市は，都市の進むべき方向を見据え，行政と住民，そして，住民同士の連携した文化活動の中で，文化を育んでいく努力をたゆまず続けていかなければならない。

Q 71 文化を育むまちづくり

★★

1. 文化的な豊かさを求めて

県民生活に関する世論調査では，生活の中で好きなことをしたり，休んだりする時間的なゆとりがあると考える人々が過半数を超えている。このことは，人々が物質的な豊かさを求めることから，次第に精神的な豊かさを求め始めていることを示している。しかし現実的には暇をもてあましているだけでは精神的豊かさは，人々が自由に自己を実現しうる時間と社会環境なくしては，ありえない。このため，精神的，文化的豊かさを実現するための条件整備を推進することが，今，強く求められている。

2. まちづくりへの障害

行政が，精神的，文化的豊かさを実現するためには，住民の文化活動を積極的に支援していく必要があるが，次の点で問題がある。

第一に，文化的な施設の不足がある。音楽ホールや美術等の展示をする施設は少なく，住民が身近に芸術に触れるための施設は，ほとんどないのが現状である。また，住民自身が，趣味を活かし，音楽会や絵画の個展を開こうとしても，安価に，かつ手近に開催できない状況になっている。

第二に，住民の文化活動の支えになるような人材の不足がある。住民が，書道を習い始めたり，合唱を始めたりする場合，指導者なくしては，活動ができない。さらに，初歩的な段階では，容易に見つかる指導者も，レベルが向上するにしたがって，なかなか得られないことも多いのが現状である。また，住民が文化活動をする場合，一人ひとりでは，なかなか活動できない。グループで活動する必要が多くなるのであるが，その際，グループの指導者とは別に，核となるリーダーの存在が大きい。このようなリーダーは，グループが小さければ小さいほど得られないことが多い。

第三に，文化活動をするに当たっての情報のネットワークが不足している点である。活動するためには，できるだけ安価に，より活動しやすい場所等を選択しなければならないが，その情報は，活動する側に十分供給されていない。また，新しいメンバーを募集しようにもその場は，十分提供されていないのが現状である。

3. 行政の支援策は

住民が，精神的・文化的豊かさを享受するために，行政は，次のことを早急

> 採点者の目：良くまとまっています。以外に書きにくい設問ですので日頃から施策など考えておく必要があります。

に実施しなければならない。

第一に，文化的施設の充実である。大規模な文化的施設もさることながら，小規模なもので使い勝手のよいものでよい。高齢者はもとより，障害者，外国人，若者にも使いやすい施設が必要である。交通の便の良い場所に建設し，階段のスロープ化などバリアフリーにも配慮した設計でありたい。また，既存の施設を活用して，住民に提供しなければならない。例えば，学校施設を利用して，音楽会を開催できるように開放的な施設改築をし，美術室等の夜間利用が可能なように改造することである。

第二は，文化的活動のための人材の育成である。住民が余暇を活かして文化的活動をするためには，親切で，適切な指導ができる人材が必要である。その絶対量の確保のため，自治体は，積極的な育成策を採用しなければならない。現に活動している人々の中から，専門研修を施し，また，補助金を支給して，文化的活動の指導者を養成することである。

さらに，文化的活動をする団体に対して，助成金を出す一方で，団体の中のリーダー養成のために，海外研修制度や定期的なリーダーの研究会を組織する必要がある。

第三は，文化的活動のための情報のネットワークを整備することである。身近な文化施設を利用するため，施設の空き情報や利用方法のお知らせなどクラウド型予約システムの導入により利便性を図る必要がある。また，住民の自主的な活動や交流を促進するために，文化祭などのイベントを通して，行政は，ネットワークづくりをする必要がある。さらに，企業による有料の文化的催し物の情報を低廉で提供することで，住民の文化的な接触の機会をより多く設けたい。

4．文化を育むために

文化を育むまちづくりをするためには，企業，町会，自治会，ＰＴＡなどの協力なくしては実現できない。これらの団体と協力して行政は，豊かで，文化的なまちづくりを推進しなければならない。そのために，私は，職員の先頭に立って，まちの人々と融和し，協力し合ってまちづくりを推進するつもりである。

Q 72 環境にやさしいまちづくり

★★★

1. 地球環境の危機と地域社会

戦後日本のめざましい経済発展は，経済的豊かさを実感できる社会を形成した。しかし，その一方で，産業経済の発展は，様々な地球環境に対する負荷を与えている。オゾン破壊や二酸化炭素（CO_2）や窒素酸化物（NO_x）による地球規模の環境汚染などの環境破壊が進み，人類の生存自体の危機と言われる程になっている。

現在の環境問題は，一時において発生した，公害などに見られる産業型のものが原因ではない。地域に住む一人ひとりの生活が，即，環境問題に結びつく形となっている。この意味において，〇市は，住民の暮らしの中に，環境にやさしいライフスタイルや，豊かな自然環境を構築していく必要がある。

2. 環境の危機がもたらす課題

地域の中に，環境にやさしい生活空間をとりもどすことは，心の豊かさを実感できるまち，次世代の子どもたちのためにやさしいまちをつくることである。しかし，その実現のためには解決すべき次のような課題がある。

第一に，現在の豊かな生活を営むための，大量生産，大量消費，大量廃棄型の社会システムによって，地球環境破壊が進んでいる点である。

一般廃棄物のリサイクルは進んでいるものの，リサイクル率の向上が必要となっている。さらに，PM2.5及び光化学オキシダントに見られる大気汚染などの生活型公害が発生している。

第二に，身近な自然環境が失われている点である。経済効率優先の都市開発によって，まちには緑が失われ，コンクリートでおおわれた殺風景な都市が形成されている。

また，安全を優先した河川の切り立ったコンクリートの護岸，海岸など，住民にやすらぎとうるおいを与える豊かな水辺環境も失われてしまっている。

第三に，現在の環境問題が，住民一人ひとりの生活から発生するために，容易に改善されにくい点である。一方，産業型の公害に対しては，規制行政によりその解決を図ることが可能であった。

現在，環境にやさしいまちをつくるためには，その実現に向けた，住民一人ひとりの具体的な行動を必要としている。少しずつの生活様式の変更を可能とする生活，さらには，より積極的に地域の豊かな環境を形成する行動を可能にする施策が求められている。

3. 環境に配慮したまちづくりに向けて

環境にやさしいまちづくりの実現のためには，危機を先のばしにすることな

採点者の目：護岸の傾斜面化などはすでに進行中の施策です。もう一歩進んだ施策も考えてみてください。

く，今すぐにでも，具体的施策を講じることが必要である。

市民生活，そして市民の命を守るために，第一義的に責任を持つ自治体こそが，より，住民の身近な施策を講じなければならない。

そのために，特に次の目標に立ち，課題を解決していくことが必要である。

第一に，自然の循環という目標である。さまざまな生活環境を循環のサイクルからとらえ，環境に与える負荷の少ない地域をつくり，生活しやすい環境をとりもどしていく。

リサイクルの推進により，リデュースやリユースを組み込んだ新しいビジネスなどリサイクルシステムのレベルアップを促進する。また，太陽光パネル設置義務化を更に推進し，電気自動車の利用などを進めることによって，環境にやさしい循環型の地域を形成する。

第二に，自然との共生という目標である。住民の身近に，豊かな緑や水辺環境を構築することによって，人間らしいうるおいのある営みを可能とするまちづくりを行う。大都市においては，大規模な緑地帯を確保することは困難であるため，少しの空間を緑の増加に役立てていく。そのために，道路への緑地帯のフラワーゾーンの設置を進める。

また，護岸の緩斜面化や，緑地化を進めることにより，河川や海とのふれあいを可能にするとともに，公園などに小川をつくることによって，せせらぎの空間を構築する。

第三に，自然への参加という目標である。住民一人ひとりが，環境を守り，豊かにするための行動をするきっかけを，施策として行う。

そのために，リサイクルリーダーなど，地球の環境保全，形成に向けた，リーダーを養成する。また，一人ひとりの生活がどのように環境に影響を与え，どのようにすれば減少するか等のＰＲを行う。さらには，豊かな自然にふれ，暮らしを見直すための，自然体験や環境教育などを推進する。

4.　豊かな地域社会の構築を

世界の持続可能な消費生活への移行に貢献するため，一人ひとりの意識改革が重要である。環境問題は時間との戦いとも言われる。

地域の中から環境にやさしい生活様式や行動をつくりあげるためには，危機が眼に見える形での施策が必要である。

そのことによって，地域の目標を高め，その実現により，地域への愛着が高まっていく。

そうした努力が，豊かな地域社会の構築へ向けた道すじである。

Q 73 環境負荷の少ない都市の実現

★★

1. 都市環境の危機

異常気象の頻発など，地球規模の気候変動により，人類の生存自体の危機と言われる程に都市環境が問題になっている。現在の環境問題は，かつて発生した，公害などに見られる産業型のものだけが原因ではない。今，地域に住む一人ひとりの生活が，即，環境問題に結びつく形となっている。これからの自治体は，少ないエネルギー消費で，快適に活動・生活できる都市を目指す必要に迫られている。

2. 今，直面する環境問題

地球の中に，環境にやさしい生活空間をとりもどすことは，心の豊かさを実現できるまち，次世代の子どもたちのためにやさしいまちを創ることである。しかし，その実現のためには解決すべき次のような課題がある。

第一に，自動車などの環境汚染に対する対応である。ディーゼル車の走行の規制により浮遊粒子状物質は著しく低減したが，二酸化炭素の削減割合は依然として小さい。自動車排気ガスについては，有害大気汚染物質対策を継続しつつ，温室効果ガスである CO_2 の削減に向けた取り組みを一層加速していく必要がある。

第二に，発電方法を考えた地球環境への負荷を極小化する問題である。東日本大震災では，電力の供給が追いつかない事態が生じた。今後は，原子力発電に大きくたよることができない。また，火力発電では，コストもさることながら温室効果ガスによる環境負荷の問題もある。環境負荷の少ない発電方法への取り組みは，緊々の課題である。

第三に，環境にやさしい公園・緑地の不足の現状がある。東京一人当たりの公園面積は5.7㎡と，全国平均の10.4㎡に及ばない。また，パリの11.8㎡，ロンドンの26.9㎡など海外諸都市に比べ，まだまだ少ないのが現状である。今後，緑にあふれた，快適な都市を目指す取り組みの推進が求められる。

採点者の目：管理監督者の立場か主任の立場かよくわかりません。
その点を踏まえれば，内容は合格水準です。

3. 持続可能な都市づくりを促進

人と環境が共生し，誰もが安全で快適な環境を享受できるようにするためには，行政は，以下の対策を講じていく必要がある。

第一に，環境にやさしい自動車排ガス対策である。まず，電気自動車や水素自動車等の次世代型の車に移行することで環境にやさしい車の普及を推進する。つぎに，環状七号線のように走行速度の改善により CO_2 排出量の削減をする。さらに，バス専用レーンやトランジットモールなどの整備により乗用車からバスへ環境負荷の少ない輸送手段に乗り換えを進める。

第二に，太陽光発電への大胆な取り組みである。公益施設への設置はさらに推進する必要があるし，太陽光パネルの設置義務化を更に進め，一般家庭にもさらに普及させるように助成制度の充実が必要である。太陽エネルギーの利用拡大は，環境保全の切り札といってよい。

第三に，やさしい環境づくりのための公園・緑地を増やすことである。既定の都市計画公園・緑地について，レクリエーション・防災・環境保全・景観の視点により評価を行い，優先順位を付け積極的に推進する。また，都市計画公園内での建築の規制緩和等のインセンティブを付与し，民間の活力を利用した民設公園を誘導したい。

4. 快適な都市環境を将来の世代に

快適な環境の創造は，住民共通の願いであり，経済社会の成熟化や人口の高齢化が進む今，最大限重視されるものである。都市における生活，あるいは経済活動を支えるために，人類生存の基盤である環境を保全し，その質を高めて明日の世代に引き継ぐことは，地域社会に課せられた責務である。

○市は，住民や事業者とともに創意工夫を重ね，脱炭素社会に向けて快適な都市環境をめざして着実に努力を傾注していかなければならない。

Q 74 環境保全について

★★

1. 脱炭素化社会への変革

「都民生活に関する世論調査」によると都民では，環境対策の要望が，令和3年で18.6%で第7位との結果がでている。

都市化に伴う緑地の減少，公園の不足が生じ，大量生産，大量消費による環境への負荷が増大している。調査結果は，これらを反映しており，住民は公害防止だけでなく，潤いや安らぎ，脱炭素化社会への転換を求めている。

○市は，これらを踏まえ，都市の機能を維持しつつ，環境への負荷を低減させ，人と環境が共生した都市を実現しなければならない。

2. 地域環境管理の問題点

これまで，○市は，様々な環境管理施策を通じて，地域の環境保全に努めてきた。しかし，新たな解決すべき課題も多い。

第一に，都市化の進展に伴い，身近な緑や水辺などの自然が失われていることである。○市は，緑の保護，育成などを推進しているが，都の緑の東京計画によると，令和○年までの約○年間で山手線の内側の面積を超える東京の緑が失われている。一方，余暇時間の増大，防災としての緑地の形成などから，自然保護への需要は高まりつつある。安全で快適なまちづくりの視点から，緑地は必要不可欠である。

第二に，大量廃棄型から資源循環型への転換の課題である。

東京のゴミ問題は，最終処分場の逼迫や高水準にあるゴミ量の現状に加えて，資源活用，環境保全の観点から，ゴミの減量化が課題となっている。古紙・ビン・カンなど資源ゴミの分別収集も実施されている。しかし，ゴミ全体の総量抑制，再利用，資源化の徹底を住民，事業者，行政が一体となって取り組むことが，CO_2排出実質ゼロ社会への転換の鍵となる。

第三に，住民や事業者に対する環境保全への意識を高める施策の問題がある。

近年，住民や事業者の環境保全への意識は高まりつつある。しかし，環境問題は，全ての住民や事業者がその役割分担の下に取り組まないと解決できない根本的な問題である。ところが，事業者や住民の中には，そこまで認識していない人々がいるのも事実である。そこで，行政は住民や事業者に環境対策の重要性についての情報提供をし，環境保全意識を高揚させていかなければならない。

採点者の目：環境の論文の守備範囲は広いので，切り口を設定して論述するしかないと思います。新鮮な話題を盛り込むことが重要です。

3. 望ましい地域環境づくり

人と環境が共生し，誰もが安全で快適な環境を享受できるようにするためには，行政は以下の対策を講じていく必要がある。

第一に，緑豊かで潤いのある都市を住民と一体となって創造することである。

市街地の6割以上が民有地であることから住民の協力なしに緑の回復は望めない。接道部緑化など住民参加の下に自然の回復に努めていく。こうしたまちづくりへの住民参加は地域に対する愛着や連帯感を高め，良好なコミュニティを築く契機ともなる。また，開発計画がある場合，できるだけ自然を残すため計画段階の初期から環境アセスメントを行うなど，○市が積極的に調整，誘導していく。

第二に，資源環境型社会への転換を推進することである。

住民，事業者，行政が一体となってリサイクルシステムをつくることが不可欠である。そのためには，家庭に対しても分別を徹底するように呼びかけるとともに，住民の意見をもとに家庭系ゴミの有料化についても検討していく。また，事業者には，過剰包装に対する指導を徹底していく。さらに，リサイクル活動への支援策として，報奨金制度の充実，フリーマーケットの開催を増やしていく。こうした取組みは，リサイクルシステムへの構築へとつながる。

第三に，学校，地域，家庭などで脱炭素化教育を進めることである。

学校教育における環境保全教育の一層の充実を図るため，屋外実習活動を増やし，身をもって環境保全を理解させる。また，環境教育についてのモデル地区を指定し，学校，地域，家庭が一体となった環境教育を進める。さらに，環境教育のあり方に関する各種活動の発表，展示の場として，脱炭素化フェアを開催する。こうした取組みにより，脱炭素化意識は高まり，環境と人が共生することにつながる。

4. 快適な都市環境を将来の世代に

快適な環境の創造は，住民共通の願いであり，経済社会の成熟化や人口の高齢化が進む今，最大限重視されるものである。

人間生存の基盤である環境を保全し，その質を高めて明日の世代に引き継ぐことは，地域社会に課された責務である。

○市は，住民や事業者とともに創意工夫を重ね，快適な都市環境をめざして着実に努力を傾注していかなければならない。

Q 75 快適な生活環境について

1. 求められている快適な環境

日本経済の目覚ましい成長と，国際化，金融化の進展は，○県を世界都市として飛躍的に発展させた。しかし，産業や人口の過度の一極集中は，CO_2や脱炭素問題，自然の喪失といった様々な環境問題を発生させている。

一方，生活水準の向上や余暇時間の増大，高齢化の進展等を背景として，住民の関心は物から心の豊かさへと変化しつつある。さらに，地球環境問題への関心の高まりとあいまって，生活者の視点を重視した環境への取組みが，今，強く求められている。

このような状況を踏まえ，○市は，うるおいややすらぎのある快適な環境を創出するために，全力をあげなければならない。

2. 立ちふさがる新たな環境問題

○県は，産業型公害への取組みや緑化推進など，これまでにも環境問題に積極的に対応してきた実績を持つ。しかし，近年における地球温暖化などの社会・経済状況の急激な変化は，将来の対応では解決困難な新たな環境問題を○市に提起している。

第一は，都市生活型公害の問題である。改善されたとはいっても自動車の排気ガスによる大気汚染，さらには多様化するゴミの問題などである。これらは，利便性を追い求める生活・行動様式に根ざした問題である。このため，解決には，住民一人ひとりの多消費型ライフスタイルそのものの見直しという困難な作業が必要であり，○市は，この困難な作業の推進役となることが求められている。

第二は，自然環境の喪失の問題である。水や緑とのふれあいは，うるおい，やすらぎといった「心の豊かさ」の源泉である。しかし，都市化の進展により，○県の緑地は減少を続けている。○市の緑化施策は財源不足や地価の高どまりなどから，思うように成果があがっていない。

また，県内を流れる河川は，時代とともに住民の生活から遠ざかり，覆蓋化や垂直護岸化され，親しめる水辺環境が極端に減少している。

第三は，高齢者や障害者などに配慮した居住環境の整備が遅れている問題である。車イスにのって街に出れば，歩道と車道のわずかな段差が，途方もない障壁であることが実感できる。本格的な高齢社会の到来により，今後は高齢者や障害者といった身体的にハンディキャップを持つ人々の増加が予想されている。このため，道路の段差解消をはじめとする居住環境のバリアフリー化は緊急の課題である。

採点者の目：低迷する中での「環境」問題も考えてみてください。

3. 生活者の視点に立った環境づくり

誰もが生き生きと安心して暮らしていける環境を創出するために，身近な政府である○市は次の施策を早急に推進しなければならない。

第一に，地球に生活する者の視点に立ったリサイクル運動の推進である。リサイクル運動は，多消費型ライフスタイルへの直接的な警鐘である。地球環境問題を見据えながら，家庭，学校，地域，企業を巻き込んだ地域密着型のリサイクル運動を展開し，ライフスタイルの見直しを図る。

まず，国や県との役割分担に基づき，○市におけるリサイクル運動行動指針を策定し，住民への周知に努め，あわせて，電気自動車への買替え推進や生ゴミなどのバイオマス資源の活用なども呼び掛けていく。

また，地域における運動の拠点として，○市の遊休施設等を利用してリサイクルセンターを設置し，モデル地区指定をバネとして，地域の実情にあったきめ細かな事業を推進する。

第二は，心の豊かさを求める者の視点に立った水と緑の演出である。

ビルの屋上，大型歩道橋上の空間，街なかの小さな空き地などを利用した緑化の推進，小河川の改修による親水公園づくりなど，水と緑を都市空間に散りばめる。また，緑化基準の強化など，既存の施策を拡充し，住民の手による緑化を推進する。さらに，国有地等を利用した大規模な自然生態公園や緑道公園の設置，河川改修に合わせた多自然型工法の採用など，大型プロジェクトにより水と緑の拠点づくりを推進する。

第三に，高齢者等の視点に立った居住環境の整備推進である。

関係機関と連携をとり，駅や公共施設へのエレベーター等の設置，主要道路の段差解消及び点字ブロックの敷設，ゆとりある歩道づくりなど，行動基盤の整備の促進に努める。

また，助成制度を拡充し民間施設のバリアフリー化を図るとともに，高齢者が，住み慣れた家屋や地域で安心して暮らせるように，住宅改造に対する助成を強化する。

4. 住民と一体となって

暮らしやすく快適な生活環境を次代に引き継ぐことは，今を生きる我々に課せられた重大な責務である。しかし，その実現には，行政ばかりでなくそこに生活する住民の一人ひとりの自覚と主体的な関与が大切である。

○市は，環境問題に対する様々な施策を展開するとともに，住民自身が身近な生活環境について考え，行動することのできる地域的なしくみづくりに，住民と一体となって取り組んでいかなくてはならない。

Q 76 カーボンハーフと自治体

★★★

1．気候危機と環境

気候危機の一層の深刻化など環境を取り巻く状況は，世界規模で大きな課題となっている。もはや一刻の猶予もない。加えて，温室効果ガスの排出を実質ゼロにする「カーボンニュートラル」実現に向けた取り組みが世界で加速している。中国が2060年までに，アメリカも2050年までに実質ゼロを表明している。

日本も，2050年「カーボンニュートラル」，2030年「カーボンハーフ」（温室効果ガス排出量の2000年比50パーセント削減）を目標としている。

自治体が魅力ある豊かな都市として発展していくためにはエネルギーの脱炭素化と持続可能な資源利用によるゼロミッションの実現の取り組みがいま求められている。

2．脱炭素化への課題

気候危機等による環境問題には次の課題がある。

第一に，都市が発展，成熟している中で，モビリティは都市機能の一部として社会経済活動を支えてきた。一方で，大気汚染や騒音といった課題も顕在化し，ディーゼル車対策などで一定の成果をあげてきた。さらに，自動車を利用する事業者に2022年非ガソリン車の導入義務を新設したが，CO_2排出を抑制する施策が必要である。また，光化学オキシダントやPM2.5などの環境課題の解決には，一層の取り組みが必要となっている。

第二に，大都市はエネルギーの大消費地であり，ゼロミッションの実現に向けてはエネルギーの消費効率の最大化が必要となる。さらに温室効果ガスを排出しない再生可能エネルギーによる脱炭素エネルギーへの転換が求められている。

再生可能エネルギーの導入も，最近８年で３倍以上に増加しているが，自治体として脱炭素化に向けて更なる再生エネルギーの拡大が不可欠である。

第三に，持続可能な資源利用の実現には，廃棄物のリサイクルが重要な取り組みとなる。

採点者の目：書くのが難しい問題です。日頃の情報収集が必要です。

一般廃棄物のリサイクルは，成果を上げてきているが，リサイクル率向上の取り組みがさらに必要となっている。また，産業廃棄物も低下傾向にあるが，建設汚泥などリサイクル量が多くなっているものもある。さらなる取り組みが必要である。

3．脱炭素化とゼロミッションの実現

エネルギーの脱炭素化と持続可能な資源利用によるゼロミッションの実現には，次の対策を講じていく必要がある。

第一に，運輸部門のゼロミッション化に向け，自転車や公共交通機関の利用など，CO_2排出を抑制する行動への移行を図る。また，電気自動車や水素自動車等の次世代型の車に移行するよう環境にやさしい車の普及を推進する。ＥＶ充電器等のインフラ整備も支援制度も含め加速させていく。

第二に，再生エネルギーの基幹エネルギー化は，2050年ゼロミッション，2030年カーボンハーフに向けた重要な柱である。その中でも，太陽光発電設備の新規設置と利用の標準化は急いで行う必要がある。条例による新規施設義務化に加えて，ＥＶ蓄電池の普及拡大，断熱・省エネ性能の義務化などの取り組みをしたい。

第三に，リサイクルの推進のために，紙おむつなどのリサイクルシステムの構築，プラスチック資源循環法を受け，使い捨ての徹底的な見直しをする。さらに，リデュースやリユースを組み込んだ新たなビジネスや革新的なリサイクル技術のビジネス化を支援する。

4．住民と一体となって

我々は，地域や住民の立場から行政の問題を捉え直し，住民とともに快適な環境づくりに取り組んでいかなければならない。そうした快適な環境を創出する様々な施策も，行政のみで実現できるものではない。自治体は，住民の協力と参加を得る必要がある。

そのためには，リサイクル活動にみられるように，○市は住民自身が身近な生活環境をより良く変えていくにはどうすればよいかを考え，快適な環境づくりに主体的に参加できる体制づくりをしていかなければならない。管理職の役割が重要になってくる。

Q 77 安全なまちづくり

★★

1. 求められる安全なまち

まちに人が住み，暮らしていく上で最も基本になるのは安全である。しかし，東日本大震災の甚大な被害は，都市の安全性について大きな疑問を抱かせることになった。

○市のまちも決して安全とはいえないのである。むしろ，地下街の増加や中高層ビルの林立など災害時の危険性は拡大している。安全の確保について，住民の関心はこれまでにない規模で高まっている。

住民の不安を解消するとともに生命・財産を守り，安心して暮らせるまちづくりを進めることが，身近な自治体に求められている。

2. 不十分な災害対策

災害に強いまちづくりを進めるためには，次のような問題点がある。

第一に，都市構造が災害に弱いことである。

都市部には木造住宅の密集地域がなお多く存在する。こうした地域は火災が発生すると広範囲の延焼を招くおそれがある。また，消火活動や避難誘導の妨げになる狭隘な道路の拡幅整備も遅れている。さらに大震災による津波などへの対応もできていない。

第二に，地域の防災体制が不十分なことである。

大災害が発生した場合，行政のみの活動で対応することは困難である。初期消火や高齢者等の災害弱者の避難誘導，幹線道路の一般車両の規制等は，住民自らの的確な対処が不可欠である。しかし，都市部においては，都市化の進展による住民の結びつきの希薄化や高齢化などにより災害時の体制が不十分である。

第三に，災害時の要員が確保されていないことである。災害が発生すると要員の確保が緊急に求められる。しかし，多くの職員は，住宅事情により住居と勤務先が遠く離れているため，救助活動などの応急対策に従事することが困難である。

3. 災害に強いまちづくりを目指して

住民が安心して暮らしていけるよう，○市は次のような対策に積極的に取り

採点者の目：防災ボランティアの活用や自治体間の協力も選択肢の一つとして加えたらさらによくなるでしょう。

組む必要がある。

第一に，災害に強い都市構造づくりである。

住民の理解を得ながら，木造住宅密集地域の再開発を誘導し，市街地の不燃化・耐震化を促進する必要がある。また，オープンスペースの確保や延焼防止機能を持たせた植樹を進めることも大切である。さらに津波対策の護岸整備と高層ビル所有者との避難協定など積極的に取り組む必要がある。

第二に，地域防災体制の強化を図ることである。

被害を最小限にくい止めるためには，発災直後の初期対応が重要である。そのためには防災訓練に企業や各種団体も加え，災害時の連携の確保と実効ある対策の確立が必要である。地域の実情に明るい町会・自治会と組織力・機動力ある企業等が相互に補完しあい相乗効果が発揮できるよう，○市はコーディネートする責務がある。また，防災意識や応急時の助け合いの必要性についても，あらゆる機会を通じて住民に普及啓発していくことが大切である。

第三に，災害時の要員確保である。

発災直後の初期対応を住民まかせにすることなく，可能な限り応急対策に従事できる職員を確保することが重要である。そのためには災害用職員住宅の計画的な確保を進める必要がある。その場合，建設のみならず借り上げ方式，合築など様々な形態による方法をとるべきである。また，職員が居住地の自治体の応急対策に従事できる体制や近隣自治体，関係機関との相互連携による要員確保も進める必要がある。

4.　住民とともに

○市においては，なお，とどまることなく都市機能の集積が続いており，まちの安全性は脅かされている。安全なまちづくりは，住民の暮らしを守るために欠くことのできない重要な課題である。しかし，その実現は一朝一夕に進むものではなく，膨大な費用と努力の積み重ねが必要である。そして，その場しのぎでない長期的な視点で着実な取組みこそが求められている。

住民が安心して住み続けられるまちの実現に向けて，○市は積極的にリーダーシップを発揮して，住民と協働で災害に対する備えを拡充していかなければならない。

Q 78 安全なまちづくりについて

★★

1. 都市の危険性は高い

2011年３月に発生した東日本大震災は岩手県，福島県，宮城県を中心に死者・行方不明者約二万人の被害をもたらした。改めて地震・津波に対する都市の脆弱性と防災対策の重要性を再認識させた。

一方，防災の問題のほかに，急速な高齢化に伴うまちづくりの課題など行政だけでは解決困難な課題も山積している。

このような状況をふまえて，○市には，住民に最も身近な自治体として，生活者の視点に立って，安心して住み続けられるまちづくりを進めていく責務がある。

2. これまでのまちづくり

戦後，○県では種々の産業が発達し，便利性を高めるまちづくりが積極的に進められてきた。その結果，○県は賑わいや活力のあふれるまちになった反面，生活者の視点からみると，次のような解決すべき課題を抱えている。

第一に，災害に対する危機管理体制が万全とはいえないことである。東日本大震災においては，行政の避難情報が十分伝わらなかったことから被害が拡大したといわれている。また，自治体間の協力体制が確立されておらず，仮設住宅や人員派遣の措置も遅れがちであった。被害を最小限にするためには，行政，企業，住民の連携が必要である。

第二に，障害者や高齢者が安心して外出できるまちの構造になっていないことである。

○市は，高齢者等に配慮した施設にするように事業者に協力を求めているが，協力を得られないことも多い。また，既存の階段や道路の段差は，高齢者等の安全な利用を妨げている。さらに，点字ブロック上に自転車が放置され，障害者に不安を与えている。こうした問題を解決していくには，住民，企業，行政が協力して，まちづくりをする仕組みが求められる。

第三に，都市における交通安全の確保の課題がある。歩車道の区別のない道路においては，歩行者，特に身体的機能の弱い高齢者や子どもは，常に事故の危険にさらされている。また，駅の付近には，通勤通学のため自転車を利用する人の放置自転車が多く，歩行者の安全な通行を妨げている。○市は，自転車条例の改正や公共駐輪場の設置により対処しているが，絶対量が多く，なかなか追いつかない状況にある。住民，事業者，行政が一致協力して，課題解決に取り組まないと，交通安全の確保は困難である。

採点者の目：自治体として，できる範囲で論述する必要があります。

3. 住民の生活を守るには

住民一人ひとりが安心して生活できる都市。○県を人にやさしい都市としていくため，○市は，次のように取り組む必要がある。

第一に，災害に強いまちづくりを進めていくことである。そのためには，住民，行政，企業が連携してまち全体を安全なものにすることが求められる。まちの中で消防車の入れない道路，木造住宅密集地域など防災上の危険箇所を住民や企業の協力の下に調査し，防災計画に反映させ，家庭に情報提供していく。

次に津波対策のための護岸整備と高層ビル所有者との避難協定など積極的に取り組む必要がある。

さらに，防災ボランティアの登録制度を活用し，緊急時に連携ができるように訓練し，マニュアルを作成しておく。さらに，学校の避難所としての整備を行うため，耐震性のトイレ応急貯水槽等を備えておくことである。こうした取組みが被害を最小限にしていく。

第二に，まちの構造を「福祉型」に改善するための仕組みをつくることである。そのためには，行政，企業，住民によるまちづくり協議会を設置し，推進計画をつくり，重点的に整備していく。また，施設の計画段階での協議の実効性を高めるため，担当部と関連部署との連携を強化していく。さらに，住民と協働して，整備後の監視活動を行い，常に改善をしていく。こうした取組みにより、まちを誰もが住み続けられるように修復していく。

第三に，歩行者も車も安心して通行できるまちにしていくことである。そのためには，ハード面，ソフト面の両方から整備していく。まず，通過車輌を排除し，高齢者の安全を守るシルバーゾーンなど歩行者優先ゾーンを増やしていく。次に，ノーカーデーを増やし，自動車の交通量そのものを減少するようにキャンペーンを展開する。放置自転車を減らすために，自転車利用の多い店舗，駅には駐輪場を設けるよう民間事業者に協力を求める。同時に，マスメディアを通じて住民への啓発活動を強化していく。

4. 住民とともに築くまちづくり

子どもから高齢者まで全ての住民が住み慣れたまちで安心して生活できる地域社会。これこそ，○市が今，構築すべき地域社会のあり方である。厳しい財政状況の下，○市は，この実現に向けて常に住民の視点から，住民と協働して施策を展開していかなければならない。こうした努力と実行によって安全なまちづくりが実現できると確信する。

Q 79 安全なまちづくりについて

★★

1. 災害の危険性は高まっている

東京は，国際化や情報化の進展によって人もモノも集中し，繁栄を享受している。しかし阪神大震災の直下型地震でもわかるように，都市の生活は決して安全とはいえない。経済を優先するあまり災害対策への配慮が不十分であったからである。それとともに都市の多機能化や地域の連帯感の希薄化により，かえって東京の災害に対する脆弱性は拡大している。

このような状況をふまえて，自治体は住民の生命・財産を守る責務を果たし，安全な都市生活を実現するために，生活者の視点に立った防災対策を推進していかなくてはならない。

2. 防災対策の取り組むべき課題

○市は，今まで直下型地震を想定して防災対策に力を入れてきた。しかし東日本大震災の教訓をふまえて，東京を安全なまちにするためにはまだまだ課題も多い。

第一は，まちの構造が災害に弱いことである。

都市部は木造家屋が密集していてその区域が広い。防災上必要な道路・公園などのオープンスペースも不足している。特に土地の細分化が進んでこのような状況を一層悪化させている。また超高層ビルや地下街といった危険要因があり，これら都市特有の災害対策にも取り組まなくてはならない。

さらに大震災による津波などへの対応もできていない。

第二は，○市の防災体制が十分整備されていないことである。

どこの自治体でも地域防災計画は確立しているが，地震の場合は震度５以上と画一的に想定されており，災害の度合いに応じたきめ細かい体制はまだ十分できていない。また計画は健常者を想定しており，高齢者・障害者・外国人などの災害弱者に対する配慮が不十分である。広域避難場所の指定は，車椅子の人が避難できるかどうかまで考慮されているとはいえない。

第三は，地域の防災体制が弱いことである。

都市の特徴として，○市は行政への依存度が弱く，地域への愛着が薄れつつあるなかで，自分たちの地域は自分で守るという意識が形成されにくい。また各家庭の地震に対する備えも不十分である。防災市民組織も財政基盤が弱く，メンバーも高齢化し弱体化している。早急に住民の生活を守る体制を住民と一体となってつくり上げていく必要がある。

3. 安全な生活を確保するための具体策

誰もが安心して暮らしていける安全な都市生活を確保するために，○市は次

> 採点者の目：企業や自治体間の協力や災害弱者対策についても具体的な施策を書けるようにしておいてください。

のような施策を実施しなければならない。

第一は，地域を災害に強いまちにつくりかえることである。

そのためには建物の不燃化や耐震化を推進するとともに，防災上必要なオープンスペースを確保していく。また高層建築物等に対する防災対策を強化するとともに，関係部署と連携してガケ・擁壁・ブロック等の安全化対策や落下物対策を充実していく。そうすることによって災害時の安全避難，早急な救援救護体制を図っていくことができる。

さらに，津波対策のための護岸整備と高層ビル所有者との避難協定など積極的に取り組む必要がある。

第二は，実際の災害に十分対応できるように，○市の防災体制を見直すことである。

そのためには広域避難場所の見直しなど防災計画を現実的なものに改めなくてはならない。また夜間や休日の災害発生にも即応できるよう災害時の職員の動員体制を整備し，被災を考えて離れた自治体との協働体制も整えていく。また住民の安全を最優先に確保するために，飲料水の確保や食料・医療品の備蓄などライフラインを確保していく。さらに，各家庭での備蓄も，電気は７日，水道は30日止まることを想定して備蓄を推進していく。そして高齢者や障害者等の安全な避難誘導を行うために，住民・地域団体，行政機関が一体となってＩＣＴ，ＡＩを活用し地域ぐるみでまちを守る防災ネットワークを形成する。

第三は，地域の防災体制の充実を図ることである。

「防災の基本は人」といわれるように住民の自主的な防災活動は被害の拡大を防ぐうえで極めて重要である。その活動を可能にするためには，広報や防災教育の充実により住民の防災意識を高めることが必要である。それとともに防災訓練の充実や防災市民組織への助成によって，地域の防災力の強化を図ることが必要である。

4．粘り強い取組みにより安全なまちを

災害はいつ起こるかわからない。だからこそ着実な取組みにより備えを怠ることのないようにしなければならない。また施策の推進は一朝一夕にはできない。長い年月と膨大な費用がかかる。しかし○市は，住民の安全を守るため，住民の協力を得ながら住民・企業・行政が一体となって粘り強く取り組んでいかなくてはならない。

そうすることによって，万一災害が起こっても被害を最小限にくいとめられると確信する。

Q 80 安心して暮らせるやさしいまちづくり

★★

1. 超高齢社会の不安とは

日常生活の不安をなくすことは，住民福祉の向上に欠くことのできない要素である。防災，交通安全，防犯，高齢化の進展等，様々な分野が関係している。中でも高齢化は今後ますます進展し，これまでに経験したことのない社会経済状況が予想されるなど，避けて通れない課題となっている。

これからの超高齢社会に向けて，医療や福祉の舞台を病院等の施設内から地域社会へ移す施策が進められている。保健・医療・福祉を地域でいかに受けとめるかが，自治体に課せられた，緊急の大きな課題であり，安心して暮らせるやさしい地域社会の実現には不可欠の要素である。

2. 安心して高齢社会を迎えるために

保健・医療・福祉を地域で受けとめるために，これまで○市は，入所施設の整備や在宅福祉の充実に力を注いできた。これらは一定の成果をあげつつあるが，なお以下のような問題点を抱えている。

第一に，在宅福祉サービスの基本となる住宅の問題がある。

これまでの住宅施策により数量の点ではある程度充足してきているが，質の面ではまだまだ改善の余地がある。

例えば，車椅子の入らない住宅や段差の多い住宅，訪問看護や介助機器を利用したくても狭くて思うにまかせない住宅が多い。経済的・空間的余裕がないために住宅を確保するのが精一杯で，質は二の次という現実が在宅福祉の基礎の充実をはばんでいる。

第二に，行政と民間のマンパワーが有効に活用されていないのではないかという問題があげられる。

例えば訪問看護等，これまで市が実施してきた分野に民間が進出し，サービスが提供される形となっているものがある。

また，東日本大震災にみられるように，住民や企業の中には潜在的なボランティアの希望者が多く存在すると思われるが，行政がこれらを積極的に受け入れるシステムができていない。

第三に，行政組織の形態や運用のあり方の問題がある。

例えば，福祉と保健衛生や住宅，といった，部門別のサービス提供が行われているが，横の調整がうまくいかないため，連携のとれた効率的な運営ができない面がみられる。

また，日々の業務をこなすことで精一杯で，施策の見直しや事務事業の改善

採点者の目：良くできています。設問に対する切り口として日々新しいものを用意してください。

に手が回らない職場もままある。

3. メリハリをつけて着実に

住民一人ひとりが地域社会の中で安心して暮らしていくために，○市は次の施策を着実に展開していく必要がある。

第一に，生涯にわたって住み続けられる住宅の確保に向けて，良質な住宅の建設，助成，誘導策を早急に充実しなくてはならない。

例えば，木造賃貸住宅密集地区の総合整備事業推進を支援する，啓発，相談，助成等の施策を充実させ，面的な広がりのある住宅地区更新を目指す。

また，個々の住宅についても同様に誘導・助成策を展開するほか，優良な設計士や建築士の登録，斡旋・表彰を行うなど，あらゆる機会をとらえて良質な住宅の確保に努めなければならない。

第二に，民間と行政の貴重な人的資源を適正に配置するよう努めなくてはならない。

例えば，民間の進出してくる分野については，民間事業を育成して自主自立した社会システムとなるよう支援する立場をとる。行政は技術支援や情報交換の場の提供，コーディネーター機能に重点をおいた施策を展開する。

また，ボランティア団体に福祉事業の一部を委託するなど，行政自身を身軽にしつつ民間パワーの自主性を育て連携を深める方策が効率的である。

第三に，行政組織のあり方を見直し，効率的な運用に努めなければならない。

例えば，固定的な人員配置制度を見直して，事案毎にプロジェクトチームを組織する。多忙期は応援職員によりしのぐ等，動態的な人員配置を導入する必要がある。

また，職場研修を活性化し，官民の役割分担の見直しに基づいた，徹底した事務事業の見直しも欠くことができない。

行政のより一層の効率化をしてはじめて，社会の変動に耐えうる組織となり，多様な需要に応えることができるようになる。

4. やさしいまちづくりに向けて

保健・医療・福祉をしっかりと受けとめ，安心して住み続け老後を迎えることのできる温かい地域社会。その実現のための施策立案・推進にあたっては，最終目標が地域住民の幸福であることを忘れてはならない。我々行政に携わる者は，混迷の時代の問題解決に知恵を絞り，血の通った政策形成をめざして，果敢に挑戦していく覚悟が必要である。

Q 81 安全で快適なまちづくりについて

★★

1. 転換期をむかえたまちづくり

今，自治体のまちづくりは生活優先型へ，そして，脱炭素化へ大きな転換を求められている。住民は大都会の便利で刺激に満ちた生活を享受する一方で，一極集中による生活環境の悪化に悩まされてきた。他方，経済的豊かさから精神的豊かさへと人々の求めるものは大きく変わってきた。また，東日本大震災により，住民はまちの安全性を強く求めるようになった。

住民生活に第一義的責任を持つ○市は，こうした住民の要望に応えて，そこに暮らすすべての人が安心して気持ち良く暮らせるよう生活優先・脱炭素のまちづくりを進める責務がある。行政の根幹をなす重要課題として総合的な施策体系を確立して推進しなければならない。

2. 成長優先社会のしわよせ

成長優先社会の中で，○市は市民生活を守るため努力してきた。しかし，住民の要望に応え，安全で快適なまちをつくるために以下の問題を解決しなければならない。

第一に，災害対策が不十分なことである。

過密都市がいかに災害に対して脆弱かが明らかになった今，行政は住民の生命と安全を守ることに総力を上げねばならない，しかし古い木造住宅や耐震基準に達しない建築物が密集状態で放置されている。また，一時避難や，延焼遮断に不可欠のオープンスペースや緑地が不足している。道路の狭溢さが避難路確保を困難にしている。また，住民の防災組織は高齢化した町会中心のため，町会に係わりを持たない多くの住民を巻き込むものとなっていない。

さらに，大震災による津波などへの対応もできていない。

第二に，環境に対する配慮が不足していることである。

水辺や緑など，人の心を潤す自然環境が市街化の拡大や土地の高度利用により次第に失われつつある。また，一極集中の進行により従来の産業型公害に加えて，自動車のCO_2，オフィスや商業施設からのフロンガスの排出，近隣騒音日照不足など都市活動や過密化によって生じる都市・生活型公害が改善されてはいるが，なお問題となっている。

第三に，高齢者や障害者などハンディを持つ人達への配慮が不十分なことである。

ハンディを持つ人が安全で快適に暮らせるまちはその他の人にとっても暮らしやすいまちとなる。これまでのまちづくりは健常者のみを想定して効率第一に進められてきた。このため狭い歩道や歩道橋，スロープやエレベーター，身障者用トイレのない駅などがまだ数多く存在している。

採点者の目：まとまっている論文です。企業との具体的連携など可能で斬新な施策を示してください。

3. 求められる生活者優先のまちづくり

経済大国から生活大国へと人々の要望が大きく変化している今，まちづくりには生活優先の感覚が求められる。そのために行政は以下の課題に対応していくべきである。

第一に，災害に強いまちづくりを進めていくことである。

住民の危機意識が高まっている今こそ，強力な災害対策を再構築するチャンスである。まず，住民とともに地域防災計画を見直す。公園，緑地などのオープンスペースを確保し，避難道路沿いの不燃化や道路拡幅を進める。火に強い常緑広葉樹を積極的に植栽して緑のネットワークを築くことで延焼遮断帯を形成する。また，職員の訓練を徹底し，避難場所の防災備蓄倉庫を計画的に充実させるなど自治体の態勢を整備する。さらに，地域ごとにボランティアや医療・福祉の関係者を入れた若い層を取り込んだ地域防災組織をつくる。住民にも最低限の備蓄を呼びかけ，防災訓練を行う。

また，津波対策の護岸整備とビル所有者との避難協定など積極的に取り組む必要がある。

第二に，広い視野に立って環境の管理を行い，自然と共生するまちをつくることである。

地球規模で脱炭素化への関心が高まり，○市においても住民の健康や生活環境を守るだけでなく，脱炭素の取り組みが求められている。このためには，環境の総合的なガイドラインとなるべき環境管理計画を住民とともに作成し，公害対策やリサイクルを進め，親水公園など住民が自然との触れ合いを楽しめる空間を積極的につくり，自然環境の保全と回復を推進していく。また，太陽光パネルの設置義務化を更に進める。

第三に，すべての都市施設，住環境を物理的障害のない構造，仕様，設備を持つものとしていき，まち全体のバリアフリー化を進めていくことである。

歩道の拡幅や段差解消，公共施設や駅などでのエレベーター，スロープや障害者用トイレの設置，外国語の表示板の設置などきめ細かな配慮が求められる。

4. 住民とともに新しいまちづくりを

超高齢化社会では，様々な障害を持つ住民が地域で生活する時間が大幅に増加する。まちづくりは，こうした住民の安全性と快適さを保障する方向で進められなければならない。

また，まちづくりは，計画段階から住民が参加してこそ血の通うものとなり，住民の関心も高めることができる。

私は，今，転換期を迎えたまちづくりに管理職員として，職員の先頭に立って貢献したいと願っている。

Q 82 防災都市づくりと行政

★★

1. 都市型災害の危険性

2011年3月東日本大震災は，巨大地震による津波，放射能の被害で災害の恐ろしさを，私たちに教えてくれた。

巨大都市○県は，幸いにも関東大震災以来，大きな被害をもたらすような災害には見舞われていない。しかし，巨大地震がいつ起こってもおかしくない状況にあるという報告がある。

○湾岸は埋めたて地が多く，このような被害を防ぐために，○県政は災害に強い都市づくりを行うことが重要な課題となっている。

2. 求められる都市型災害への対応

○県は，諸活動が集中し，特に中枢管理機能の集積が著しく，巨大な都市を形成している。

しかし，防災面では，まだ問題が解消されておらず，周辺部に木造密集地があり，公園などのオープンスペースも不足し，危険物との混在など，居住環境が整備されていない。

また，大震災による津波などへの対応もできていない。

また，○県は電気，ガス，水道，通信などのライフラインが網の目のようにはりめぐらされ，県民の生活や業務活動を支えている。さらに，国際化，情報化の進展により，高度な情報通信ネットワークシステムを備えたインテリジェントビルが次々と生まれている。

これらの一部に，ひとたび障害が起これば都市機能全体が停止してしまう危険性をもっている。

一方，○県に在住，訪問する外国人の急増，高齢化の進展により，日本語の理解が不十分である，あるいは心身にハンディキャップをもっている等のいわゆる災害弱者が犠牲になることが予想される。

このような状況の中で，○県政は新たな災害要因に適切に対応していくために，次のことを行っていくことが必要である。

第一は，都市構造そのものの防災性を高め，災害に強い都市づくりを行うことである。

建物の耐震，不燃化の促進はもちろんであるが，大規模な住宅や，人が集まる施設がある場所には必ず，隣接してオープンスペースを設

採点者の目：企業との連携，自治体間協力も施策に加えてください。

けることが大切である。また，道路，橋の整備，液状化対策，有毒ガス，有害物質等の漏えい防止について，一層の安全性を確保していくことも求められる。また，津波対策のため，ビル所有者等との避難協定など積極的に取り組む必要がある。さらに，大深度地下空間，超高層ビルの存在は，土地の有効利用の面ばかりでなく，防災面に十分な配慮が必要である。

第二は，災害時に，全県的に応急対策活動を迅速に行うことができるような体制を整備することである。

災害活動の中枢となる防災センターを整備し，ＩＣＴ，ＡＩを活用し，情報連絡体制を緊急時に確保することが大切である。

都市機能に異常が起こった時，いかに正しい情報を敏速に収集し，的確な判断を行い，平常時の状態にもどしていくかが問題である。したがって，緊急時にもコンピュータを使用できるように，コンピュータ・バックアップセンター利用による情報システムを構築しておくことが重要である。

また，災害時に住民一人ひとりが冷静に判断し，パニックを引き起こすことがないように，日ごろから，防災訓練を行い，ラジオ・テレビ等のマスメディアや，ツイッターやフェイスブックなどのＳＮＳによる，コミュニケーションの手段を検討しておく。

第三は，災害弱者に対して，災害時における安全対策を確立することである。

避難場所への案内，公報，防災アプリ等による啓発は英語等による併記を行い，地域の住民による防災ボランティア活動の強化を図っていく。

3．広域的な協力による防災都市づくり

○県政による，防災都市づくりは，一朝一夕にできるものではなく，国，近隣自治体，区市町村，住民，民間を含めた広域的な協力が不可欠である。

私は職員の一人として，また一住民として常に防災に関しての意識を高めていくために，自ら手を下し，身体を動かす覚悟である。

Q 83 安全で住みよいまちづくりと行政

★★

1. 迫られる災害対策

2011年３月の東日本大震災は，多くの死傷者と住宅被害をもたらした戦後最大の災害であった。これを契機に，危機管理のあり方やこれまでの都市政策が反省され，見直されようとしている。

都市化が進み，人口が高密度に集中している○県では，従来より災害対策への関心が高く，重点施策として取り組んできた。しかし，東日本大震災を教訓とした災害対策の一層の強化が求められている。住民の命を守り，安全で安心して住めるまちをつくるための，最優先課題として災害対策に取り組まなければならない。

2. 災害対策の課題

今，この瞬間に○県をおそうかもしれない巨大地震。各自治体では，災害対策の見直しを急いでいるが，課題は山積している。

第一に，地域の防災力が弱いことである。都市化が進む大都市自治体では，地域の人間関係が希薄でコミニュティ機能の低下を招いている。東日本大震災では，近所の人達の声かけで，多くの人が救われたように，地域の連帯が災害活動には何よりも有効である。自分たちのまちは自分たちが守るという防災と連帯の意識を高めなければならない。

第二に，災害に弱い都市基盤である。これまでのまちづくりは，防災やライフラインなどの生活基盤よりも，道路や通信などの産業基盤が優先されてきた。このため，避難場所となるオープンスペースや，防災拠点施設の整備が遅れている。高架道路や窓の多い高層建築物も防災上好ましいものではない。火災に弱い木造住宅密集地域の整備も万全とは言えない。都市計画の見直しが求められている。

第三に，災害弱者への配慮に欠けていることである。災害の被害は，高齢者，年少者，病弱者や障害者などに集中する。被災後の生活困難もこれらの人々は深刻である。ライフラインが寸断されることが死活問題につながる。飲料水の運搬をするだけでも困難で，住み続けることができなくなるのである。健常者中心から災害弱者を意識した防災対策が望まれている。

3. 安全で住みよいまちに

これらの問題を解決し，安全で住みよいまちづくりを実現するため，次のよ

採点者の目：良くまとまっていて，力強い論文になっています。
最新の施策を常に入れるようにしてください。

うな施策を講じたい。

第一に，住民が主体となった地域防災である。従来，行政が作成し配布してきた災害マップや避難地図などを，住民自らが作成する。地域防災計画も住民が主体となり，行政や企業，関係機関とともに策定する。そのためのまちづくりの住民組織や消防団などの防災組織をＩＣＴ，ＡＩを活用し，より一層整備したい。地域の防災意識を高め，組織化を推進することにより地域防災体制が図られる。

また，大震災の津波対策としてビル所有者との避難協定など積極的に取り組む必要がある。

第二に，災害に強いまちづくりである。避難場所となる森林や公園，緑地などのオープンスペースを確保する。学校などの施設を防災拠点として整備する。木造住宅密集地域の整備や帰宅困難者のための公共輸送機関との連携を推進する。高架道路や高層建築物についても防災上の基準見直しを行う。国や広域自治体とも連携を図り，身近な自治体はこれらを盛り込んだ都市計画マスタープランを策定したい。効率性よりも安全性を優先することにより，災害に強い都市基盤がつくられる。

第三に，災害弱者対策である。災害時の応急住宅対策は，高齢者や障害者に配慮した仮設住宅の建設や入居者の選定を行う。備蓄食料についても，カンパンの他に歯の弱い人のためにレトルトのお粥を用意するなどきめ細かな対策を行う。平常時より地域や関係機関の福祉ネットワークをはりめぐらし，いざ災害のときは速やかに救出活動が行われるように備えたい。これらの対策が行われることにより，高齢者や障害者も安心して暮らすことができる。

4.　危機管理のために

東日本大震災で得られた最大の教訓は，危機管理の重要性である。危機管理の時代に求められる職員像は，指示待ち，法規万能，予算消化型の職員ではない。分析力，独創力，実践力に優れた行政のプロである。そして，そのリーダー層に位置する管理職こそ，そのモデルでなければならない。

このことを常に念頭に置き，先頭に立って，安全で住みよいまちづくりを実現するため，これからの行政運営にあたりたい。

Q 84 安心できる市民生活と行政

★★

1. 都市のもろさと危機管理体制

東京の近郊から区内に流入する昼間人口は，約290万人と言われている。このように東京は大量に人や物，情報が集積するとともに，多くの区民が生活する場でもある。しかし，多数の人命や家屋を失った東日本大震災でみられたように，都市の生活は決して安全とは言いきれない。また，パリのテロ事件など，区民生活を直撃する災害や事故はいつ起こるか予測もできない。

災害や事故などから，区民の生命と財産を守り，区民が安心して暮らせるまちをつくることは，特別区の基本的責務である。

そのため区は，区民・企業・行政のそれぞれの役割りを明確にし，災害や事故にも機敏に対処できる危機管理体制を築く必要がある。

2. 求められる都市型災害への対応

これまでも各区において，災害や事故などに対する対応はとられてきた。これは，防災計画の策定等で成果を挙げているが，なお以下のような課題がある。

第一に，まちの構造が脆弱なことである。

東京は日本の首都として，活発な政治・経済・社会活動が行われ，人々の往来も多い。

また，まちには地下街や高層ビルがあり，木造住宅の密集地域も多い。さらに，道路や公園などの防災空間も不足しており，東京で直下型地震が起これば，その被害や混乱は計り知れない。また，大震災による津波などへの対応もできていない。区は，区民の生活基盤であるまちが，危機的状況に陥らぬようにしていかなければならない。

第二に，地域での防災体制が不十分なことである。災害発生時における，区民や企業の自主的な救援・救護活動は，被害の軽減防止に大きな役割を果たす。また，外国人や高齢者，障害を持つ人達の避難誘導には，区民の助け合いが不可欠である。しかし，地域では，日頃の近隣同士のつき合いは少なく，災害時における区民の連携した活動は期待しにくい。

第三に，区の組織の危機管理の意識が低いことである。災害や事故が発生した時は，区民の救援を第一に考え，行政機構の枠組みを超えた対応が必要となる。しかし，救援・救護の初期活動や安全確認などの情報提供等，組織横断的な対応がむずかしい。職員の意識も，いざという時に，自分が何をするのか，役割りを明確に理解しているとは言い難い。まず，区の組織全体に危機管理の意識を持たせることで，安心できる区民生活を確保していく必要がある。

3. 危機管理体制の確立に向けて

誰もが安心して暮らせるまちとするため，地域社会の危機管理意識を高め，

採点者の目：最近の危機管理に対する施策も入れてください。

災害や事故を防ぎ，軽減するシステムを確立する必要がある。そのため区は，次の施策に取り組まなくてはならない。

第一に，安心して暮らせるシステムを確立する。区民や企業の協力を前提に，地下街や高層ビルの防災訓練を定期的に行い，災害時の安全確保等の行動マニュアルを徹底する。

また，区はこうした，自分でできることは自分でするという自立を尊重する。同時に，近隣住民と協力しながら防災訓練を行う等の共助の関係も，区が仲介役となって推し進める。大震災の津波対策としてビル所有者との避難協定なども積極的に取り組む必要がある。さらに，密集市街地の再開発を行い，通行人の安全確保や，道路や広場等の防災空間を確保する。こうして，まちの整備を進めていくことで，安心できる区民生活を実現する。

第二に，地域での連携を深めていく。区民が，災害時に自身の安全を確保し，共に助け合えるように，地域の災害リスクの調査と情報提供を行う。また，区民防災組織を中心とした，防災リーダーを育成するとともに，防災ボランティアの登録に努め，地域の防災組織の支援を行う。さらに，地域の企業や商店などについても，約500万人といわれる都内の帰宅困難者のために，非常食等の備蓄の協力を求める。こうして区，区民，企業の役割りを明確にし，連携を深めることで，地域の防災能力の向上につなげていく。

第三に，組織を挙げた危機管理体制を築いていく。災害時に区は，区民の救援・救護や情報収集を行う「特別救助隊」を編成し，組織横断的な活動ができるようにしておく。

また，避難所の開設や運営がスムーズに行えるよう，学校職員を中心に日頃から訓練をしておく。一般の職員には，手話や介護，救急等の講習を行い，避難所等で対処できるようにしておくことで，自己の役割りを認識させる。こうして，災害や事故が発生した時には，区が中心となって区民の生命や財産を守る体制を整えておく。

4.　安心できる区民生活の実現

災害や事故はいつ起こるかわからない。

その時の被害を最小限にとめ，的確に対処していくためには，区と区民，企業等多くの地域の人々との連携と協力が不可欠である。

阪神淡路大震災において，救出された人の８割以上の人が，近隣の人々の助け合いであったと言われている。区としては，こうした地域の連携と協力を基にして，区民が安心して暮らせるまちを実現していかなければならない。

Q 85 行政のデジタル化について

★★

1．新たな時代の要請

行政手続についてオンライン実施を原則化する，いわゆる「デジタル手続法」が施行された。行政のデジタル化は，社会全体の効率化とコスト抑制を図ると共に，一人ひとりに対しても公平かつ迅速に最適なサービスの提供を可能にする。自治体でもデジタルトランスフォーメーション（デジタル変革，ＤＸ）の取り組みが始まっている。

しかし，人口の減少とともに職員数が減少し，今後さらに減少することが予想される中で，この取り組みは困難が予想される。

さらに，高齢化社会が進行し，自然災害が増加し，コロナウイルス感染症への対応も加わり仕事も複雑化している状況である。住民の利便性向上や自治体の業務効率化のためにＤＸの推進は，自治体にとって待ったなしだ。

2．ＤＸ推進にとっての問題

ＤＸを進めていくのに次の問題がある。

第一に，コロナウイルス感染症での特別定額給付金のオンライン申請は，確認手段に手間取り受付を停止する自治体もあった。オンライン手続きへの対応が十分できていない現状がある。ＤＸ推進によって，申請手続きの円滑化，公金給付の円滑化，窓口業務の円滑化などを図ることができる。

第二に，新型コロナの影響で在宅勤務を求められたが，自治体行政は住民対応が多くテレワークに向かない事情がある。今，行政におけるテレワークの実施状況は，1721市町村で50％弱にとどまった。テレワークの推進が急がれる。

第三に，行政のデジタル化は，住民が誰一人取り残されないこと，デジタルによるサービスを100％享受できなければならない。しかし，デジタル技術をガイド，トレーニングする支援体制が自治体には十分

採点者の目：デジタル化は，日々，新しい情報が必要です。

できていない。

3. ＤＸを推進するために

ＤＸを進めていくために次のように解決していきたい。

第一に，窓口業務を中心に住民からの問い合わせ対応や申請業務のデジタル化を積極的に取り入れていく。例えば，福祉相談などベテラン職員のノウハウや過去の記録をデータベース化し適切な支援策をＡＩが見つけ出し，職員を支えるＡＩ相談支援システムの構築を進める。

第二に，行政は重要な市民の情報を扱っているだけに，情報セキュリティ確保もテレワークには不可欠なものである。そのために，いままでのＩＤ，パスワードの入力だけでなく生体認証や顔認証などセキュリティ対策を行う。

また，働き方改革として，北海道庁のように，テレワークの日として毎週金曜日を在宅勤務の試行を行う。また，柔軟な労働環境を用意することも重要で，定時勤務制の見直し，自由な休暇取得など職場の特性にマッチした見直しをする。

第三に，ＩＴに関する素養を有する人材を確保するための環境を整備し，デジタル技術の住民向けのガイドとしてデジタル活用支援員を設置し，職員のトレーニングなどの課題にも対応する。

行政ＤＸは，組織や業態の変革を伴うもので，中でも幹部職員がＩＴを学ぶ事が重要で，早急に実施する。

4. 行政のデジタル時代を勝ち抜くために

ＤＸ推進が求められる時代においては，職員の創造的発想や主体的な取り組みが行政の将来を左右するといっても過言ではない。しかし，こうした事は，一朝一夕にできるものではない。私は，管理職員として日常の仕事を通じデジタル化の推進に全力を傾注していきたい。

Q 86 少子化と自治体行政

★★★

1. 子どもと家庭を取り巻く状況

2022年の出生数は，80万人を割り込んだ。人口の自然減は，過去最多の53万人であった。毎年人口減少し，2060年には，高齢化率が，約４割に達すると推計されている。少子化社会は，地域・社会の担い手の減少，現役世代の負担増加，経済や市場の規模の縮小や経済成長率の低下など，個人・地域・企業・国家にいたるまで多大な影響を及ぼす危機的状況にある。少子化対策は，地方自治体にあっても全力で取り組むことが強く求められている課題である。

2. 身近な自治体としての課題

少子化の要因には，未婚化・晩婚化，初産年齢の上昇，夫婦の出生力の低下などがあると言われているが，自治体として取り組むべき次のような課題がある。

第一に，認可保育所・認証保育所・認定こども園・家庭的保育事業等の施設整備が不足している現状がある。2022年の待機児童数は，国全体で12000人弱となっている。そして，保育施設の増設に努めてきたが保育環境を向上させる意味でも更に増設が強く求められる。

第二に，保育士が確保されていない現状を解決しなければならない。保育所の保育定員が満たされないのは，保育士が足りないためであることも多い。勤務体制がきつく，中高年の保育士には体力的には続けられない状況もある。また，若い保育士は非正規職員であったりして同じ職場に長くいられなく入れ替えも多い。そのためには，認可保育所や認証保育所等を含めて，保育士全体に対しての処遇改善や民間の保育所に対しての緊急の応援体制などの取り組みが欠かせない。

第三に，結婚，妊娠・出産，子育ての各段階に応じ，一人ひとりを支援する仕組みが不十分な現状がある。結婚支援について，地方の農村など自治体として真剣に取り組んでいるところに比較すると都市の自治体の取り組みはのんびりしている。また，出産環境の確保の点では，産科医が慢性的に不足しており，緊急の課題である。また，子育てにおいても，社会全体で子育てをすると

> 採点者の目：少子化対策は，新しい施策がつぎつぎに出ています。
> 常に情報収集が必要です。

いう意識はまだまだである。

3．少子化危機は，克服できる

フランスやスウェーデンは，子育て支援の充実や仕事の両立支援策など，長期にわたる少子化政策により，一旦は低下した出生率が約2.0程度までの回復に成功した。この少子化の課題に対して次のような取り組みをしたい。

第一に，新規に土地を確保し認可保育所の開設を推進することは勿論のこと，駅前等の空いたフロアーを自治体自ら積極的に賃借し，認証保育所の開設を後押しすることも必要な取り組みである。また，企業等による事業内保育施設の設置促進のために企業規模により助成金等の仕組みも必要であろう。さらに，一時預かりを保育園，幼稚園にとどまらず地域ＮＰＯやボランティア等も加えながら多様な保育等を実現する。

第二に，保育士確保のために，処遇改善の費用補助を始め，民間保育士の宿舎借り上げの費用補助も積極的に推進する。また，再就職支援のためのセンターを立ち上げ，人材バンクシステムなどを通じ，保育士確保につとめる。さらに，保育園に保育士以外の職員配置をし，負担軽減の対策を講じる。また，保育士が急に具合が悪いときなども休めるように緊急センターを設置し，応援のシステムを自治体として推進する。

第三に，高齢者対策は，少子化対策である。若年者，低所得者や新婚の若者への子育ての経済的負担の軽減策として家賃補助の取り組みをする。また，多子世帯への保育料の軽減策や公営住宅における入居や賃料の優遇措置を行う。さらに，産科医の確保に向けて，医師への直接の処遇改善や医師の派遣元への費用支援などを積極的におこなう。また，商店街の空き店舗など地域の子育ての支援拠点を整備し，子育て家庭を支援する仕組みづくりをする。

4．安心して子供を産み育てられる社会

核家族化の進行や地域のつながりの希薄化により地域や家庭の子育て力が低下している。そんな中でも，安心して子育てし，子供たちが健やかに成長していく環境を整備することは，行政が積極的に取り組んでいくべき課題である。その課題実現のために，私は全力を傾注していきたい。

Q 87 地域の国際化について

★★

1. 急速に進む地域の国際化

近年，経済をはじめ国際的な相互依存関係はより一層深まり，交通・通信網の発達によって国境を越えて人々の交流が急速に進んでいる。わけても，都内での外国人の増加は著しく，平成12年の28万6千人から令和4年には約52万人と増えている。

こうした地域の国際化時代の中で，行政は住民と外国人が協力して住みよいまちづくりを築き上げる土台づくりを担っている。

そして地域の人々と外国人がお互いに気持良く暮らせるように，日常レベルでのきめの細かい施策の展開こそが，行政に強く求められる。

2. 地域の外国人の不安

地域での外国人と住民との共生をめざして，行政は次の課題を解決していく必要がある。

第一に，地域住民の国際意識が未だ十分でないことである。

在住外国人の多くは，日本の文化や生活習慣を知ろうと，地域社会との交流を求めている。にもかかわらず，外国人というだけで接触を避けたがる傾向が，住民の中に根強く存在する。

隣同士なのに外国人とは日常の挨拶も交わさないとか，町会の回覧板を外国人には回さないということが現実に存在している。

第二に，生活文化の違いなどのために，日本の基本的知識を得ることすら困難となり，不便な生活を余儀なくされていることである。

急病になってもどうして良いかわからず，病状を悪化させたり，言葉の壁のために病院をたらい回しにされるケースもある。

また，ゴミの出し方や夜間の騒音をめぐるトラブルも後を絶たない。しかし，これらも外国人に悪意はなく，地域社会のルールを知る機会がないことに起因している。

第三に，地域における外国人を援助するための行政と民間との連携が立ち遅れていることである。

外国人は，まず住まいを見つけ出すことから障害にぶつかり，借りやすいが環境劣悪の木賃住宅に住まざるを得ないケースも多い。

雇用面では，職種の選択の幅は狭く，さらに景気が不安定な中で，いつ解雇されるかわからないという不安がつきまとっている。

地域に住む外国人にとって，最も生活の基盤となる問題を克服しない限り，安心した生活を望むことはできない。

採点者の目：合格水準のレベルですが，賃貸契約の保証については自治体としての守備範囲か十分検討してください。

3．求められるきめの細かい施策

外国人にも開かれた暮らしやすいまちづくりのため，行政は次のような，きめの細かい施策を展開する必要がある。

第一に，住民の中にある外国人コンプレックスを払拭し，国際意識を醸成していくことである。例えば場所と食材は自治体が用意して，日常家にいる機会が多い外国人の主婦を講師に招き，料理教室を開催する。食文化の理解を通じて，心のわだかまりが解消し，国際交流の確かな一歩となる。

さらに，社会教育の場においては，英語の他にも様々な外国語講座を開講する。その際，地域の外国人を講師として招くことによって外国語が一層身近なものとなり，外国語を学ぶことがイコール地域の国際交流の場となる。

第二に，外国人が日常生活で不便を感じることのないよう，環境を整える必要がある。アンケート調査や外国人によるモニターさらには座談会を積極的に行い，生活上の具体的な問題点を把握し，施策に反映していく。

また，ガイドブックの外国語版の発行に際しては，生活上の基本ルールを丁寧に記載する。基本ルールを知ることが，日常のトラブルを未然に防ぐことに役立つからである。

さらに，外国人用相談窓口を常設するとともに，あらゆる外国語に対応できるように，職員の研修内容の充実を図ることである。

第三に，行政と民間が協力して，ツイッターなどのＳＮＳを活用し，外国人を援助するネットワークづくりを進めることである。また，多言語翻訳ツールの設置もする。

住まい探しに関する情報をネットワークを通じて提供していくとともに，行政や民間ボランティアが保証人となって，賃貸契約を行うことも検討したい。

また，雇用確保のため，行政が企業に対して外国人の推せんを行う採用制度を導入する。そして，役所も外国人を積極的に受け入れる努力をしなければならない。さらに，自治体職員をボランティア活動に参加させるなど，住民とともに継続的にネットワークづくりを進めていくことが大切である。

4．世界に開かれたまちづくり

コロナウイルス感染症拡大防止と経済社会活動を両立させる「ウィズコロナ」という新たなステージに立つ中で一層国際化が進むことは確実である。そして，外国人と市民が相互の良さを学び合って，それぞれの文化や生活を豊かにしていくことが，国際化時代における地域社会のあるべき姿である。

その実現に向けて，行政は，地域社会を住民が国際感覚を磨く日常的な交流の場として捉え，きめの細かい施策を展開していくことである。

Q 88 国際化の進展と地方自治体

★★

1. 急増する外国人

今，コロナウイルス感染症拡大防止と社会経済活動を両立させる「ウィズコロナ」という新たなステージに立っている。その中で，外国人旅行者や労働者の流入が増え始めている。中でも○県は，国際情報金融都市として今後ますます外国人が増え，多国籍化していくことが予想される。

一方，外国人が増えると，地域社会に様々なトラブルも発生してくる。そこで自治体は，外国人を地域に受け入れ，地域住民と良好な関係が図れるよう，新たな対応に迫られている。

今，○市に課せられた使命は，地域住民も外国人も共に暮らしやすいまちづくりを創造することである。

2. 国際化をはばむ要因

今日求められている国際化の対応は，姉妹都市提携等の国際交流事業だけにとどまらない。地域における国際化，つまり住民である外国人の対応や，地域の中での外国人とのかかわりという視点が求められている。しかしそれには次のような阻害要因がある。

第一に，外国人の日常生活レベルでの問題である。外国人が最も困っているのは，日常生活全般にわたって必要な情報が不足していることである。そのために，日本の生活習慣や地域社会のルールが分からず，ゴミの出し方，夜間の騒音等日常生活において様々なトラブルを起こしている。また，○県の街は，道路標識を含めて外国人にとって分かりにくいため，一人で目的地まで到達することが大変困難な状況である。

第二に，住民の外国人に対する理解不足の問題である。住民の意識の中には，外国人を異質で特別な存在として見る傾向がまだ強い。例えば，外国人に対するアパート提供の拒否や，地域での交流を避けたりする行動が見受けられる。このように，住民が外国人との接触を遠ざけていけば，ますます外国人との溝が深まっていくばかりである。

第三に，急激な国際化に対して行政の体制が遅れていることである。在留外国人の増加に伴って，自治体の窓口に住宅や福祉等の相談を目的に訪れる人が多くなっている。しかし，適切な対応が求められているにもかかわらず，横の連絡を密にする体制ができていない。さらに，外国人に対するサービスの内容や職員の国際化への意識，自覚も不十分である。

3. 国際化にふさわしい地域社会の形成

○市は，地域社会の一員である外国人が，言語や習慣の違いを超えて，快適

採点者の目：ウィズコロナの一面にも触れる必要があります。

な生活が送れるよう行政サービスの充実を図っていく。今後，次の施策を積極的に推進していく必要がある。

第一に，外国人も暮らしやすいまちづくりを推進していくことである。外国人にとっても地域は，生活の場である。まちづくりを進めるにあたっては，外国人も安心して快適に暮らしていけるように配慮していく。そのためには，公共施設に情報コーナーを設置し，日常生活に最低限必要な情報を，ビデオやパンフレット等で提供し，やさしい日本語や外国語のホームページも作成する。また，外国語や絵併記の標識及び案内板を増設し，外国語の地図を配布するなどして，街を分かりやすくする。さらに，自治体がまちづくりを進めるのにあたり，外国人の意見や計画への参加を求めることも必要である。

第二に，住民の意識向上を図っていくことである。地域社会において国際化を進めていくための主な担い手は，住民である。住民一人ひとりが，国際人として心の壁を取り除き異なる文化や価値観を認め，相互理解を深めなければ真の意味での国際化とはいえない。そのためには，住民への広報紙や外国人による講演会等により，住民の意識啓発を図る。また，国際理解を深めるため，各種外国語の講座や各国の文化，習慣等について学習の機会を設ける。さらに，相互理解を図るためにスポーツや音楽，料理等を仲立ちに外国人との出会いの場を設け，交流を深める。

第三に，行政を国際化にふさわしい体制に整備することである。外国人である住民が増加したことに伴い，行政のあらゆる分野を見直す必要に迫られている。そのためには，各部門における日常業務や既存施設等を外国人に対応できる体制に整える。また，各部門を横断的につなぐため，連絡会議等を設置し，施策間の調整を図る。さらに，窓口サービスや相談の一層の充実を図るため，職員に語学研修や海外派遣を多く取り入れ，国際感覚豊かな職員の育成に努める。また，多言語翻訳ツールの設置も進める。さらにスマートフォン利用による多言語化の道案内等にも取り組んでいく。

4. 国際都市をめざして

訪日外国人が一時，３千万人を超えたが，今，月○百万人の訪日客が戻ってきている。その中で，○県は，世界をリードする世界に誇れる都市をめざしている。そのためには，そこに住む住民や外国人の生活が真に豊かなものでなければならない。住民の最も身近な政府である自治体の果たす役割が大きい。行政がイニシアチブを十分発揮し，住民の協力や参加を得て着実に施策を展開していけば，必ずや理想的な国際都市が実現できるものと確信する。

Q 89 ボランティア活動と自治体

★★★

1. 広まりを見せるボランティア活動

物質的な豊かさより，精神的なゆとりと充実が価値基準となってきている今日，人々の自己実現への意欲も高まってきている。全国のボランティアセンターの調べでは全国で約740万人のボランティア登録者が，文化，環境，社会福祉などの分野で，個人，市民グループ，団体として，公益活動を行っている。

また，東日本大震災では，市民，企業人など多くの人々が災害ボランティアとして活動している。

一方，自治体は超高齢社会の在宅福祉サービスの充実，防災対策，リサイクルの推進など，住民の協力を必要とする課題を抱えている。このような状況の中，行政においてもボランティアが注目されており，双方の協力関係づくりが重要になっている。

2. ボランティア活動の抱える問題点

ボランティアは自主的な活動であり，行政のように手続上の制約や公平性の要請がないため，個別的かつ機動的な対応のできる長所がある。しかし，ボランティアと協力関係を進める上で次の問題点がある。

第一に，ボランティアの把握の困難性と行政の接し方の問題である。ボランティア活動は自発的なものであるため，発足や解散は自由である。それゆえ，活動実態を把握しきれていないのが現実である。また，これまでも協力関係づくりが試みられたが，不調に終わることがあった。それは，行政側の姿勢に，ボランティアを手段として扱う傾向があり，自主性や独立性を損うことがあったためである。

第二に，ボランティア活動への理解が十分でないことである。ボランティアの先進国といわれる欧米諸国は，キリスト教の奉仕と献身活動という土壌がある。しかし，日本はこのような，精神的な土壌は少なく，ボランティア活動に対し，暗い活動，奇特な慈善家が行うものというイメージがいまだに存在している。つまり，住民にとって，身近な活動となっていないのである。

第三に，活動基盤が不安定なことである。ボランティア活動は，任意で自発的なものである。そのため，ヒト，モノ，カネといった活動の基盤は自ら整えるのが原則である。しかし，人材の確保や育成，活動の拠点の確保となると，小さな組織では能力や資金の面で困難なのである。また，寄付や募金も十分に集まらず，活動資金を賄いきれないのが実態である。

採点者の目：ボランティア，ＮＰＯとの違いなどの認識も必要かと思います。

3. ボランティア活動の環境づくり

ボランティア活動の長所を生かし，行政の施策と連携の取れた活動を引き出していくために，行政は次のことに取り組む必要がある。

第一に，行政の施策とボランティア活動を調整する組織づくりである。双方が対等に意見の交換をすることで，自主性のある役割分担が可能となるからである。そのためには，広報紙や自治体の事業の中でボランティアセンターへの登録を呼びかけ，ボランティア組織の把握をする。その上で，行政とボランティアとの定期的な連絡協議会を設置し，双方の意見を尊重しながら，活動内容の相互調整を図っていく。こうすることで，行政とボランティアが一体となった公益活動が展開できるのである。

第二に，普及啓発活動の推進である。

ボランティア活動を地域に広めていくためには，住民がボランティアを理解し受け入れることが必要なのである。そのためには，義務教育の段階からボランティア知識の習得や体験学習を取り入れていく。また，生涯学習の一環として，ボランティア講座を開設し，住民の関心を高めていく。さらに，企業市民の観点から，企業に地域活動への奉仕を働きかけていく。こうして，地域にボランティア活動を住民の身近なものにしていくのである。

第三に，活動基盤の側面支援を行うことである。自主的な取組みを原則としながらも行政との連携に必要な範囲で支援を行い，活動の安定性を高めていく。そのためには，生涯学習講座，ボランティアセンターと協力した講習会や研修会を開催し，人材の開拓と能力の開発を図っていく。また，身近な地域に活動の拠点施設を整備する。そこでは，ボランティアセンターと連携をしながら，情報提供や地域住民との交流事業を行い，活動の輪を広げていく。さらに，行政の施策と連携した活動に対しては，資金面での助成を行う。

4. ボランティアのあふれるまち

今日，ボランティアはさまざまな公益分野で，行政の補完的役割を果たしつつある。

一方，自治体においても，細かく住民ニーズに対応しつつ，行政施策の実効性を高めていくためには，住民の協力が不可欠となっている。その意味で，住民参加の一態様としてボランティアとの連携を推進することは，行政の抱える今日的課題を解決する重要な視点といえる。行政は，この視点からのアプローチを積極的に行うことで，魅力ある地域社会を実現できるものと確信する。

Q 90 ボランティア活動と自治体

★★★

1. 高齢社会を担うシステム

厚生労働省の将来人口予測によれば，西暦2060年には65歳以上の人口割合が39％を超える。2022年が29.1％なので，実に1.34倍になる。高齢者に対する各種サービスの需要が増大する反面，それを提供する人手は減少することを意味している。

また，好調な経済状況の中でも税収は，これまでと同様に今後も予断を許さない。これからも景気の波はあるとは思われるが，税収の厳しさを前提とした施策の展開が必要である。すべての需要に行政のみで対応することはもはや不可能である。

このような中でいきいきとした地域社会を実現するためには，東日本大震災で災害ボランティアが活躍したが，各種のボランティアを活用することが肝要である。

ボランティアは行政の手の足りない部分を補う面がある他，住民への生きがいの提供，さらにはこれからの高齢社会の，頼り頼られる社会システムを担うものとしての意味がある。

2. 活力あるボランティア社会を目指して

高齢社会を支えることのできるボランティア活動とするためには，以下の課題を解決しなければならない。

第一に，現状ではボランティアの実数がまだまだ不足している。東日本大震災でのボランティア活動からも読み取れるように，地域には潜在的なボランティア希望者が大勢いるはずである。

行政はこれまで以上にボランティアの発掘に努め，さらに総合的なコーディネーターとしての機能を果たして，人や情報の交流の要になるよう努めなければならない。

第二に，ボランティア活動を始めた人や団体に対する支援がまだ不十分である。せっかく始めた活動をより一層効率化・高度化し，さらに長期にわたり継続してもらうための支援策が必要である。

第三に，行政があまり深く係わりすぎないことである。

住民の団体と共同して作業するときにはなにかと行政側が世話を焼き，せっかくの自主性や柔軟な発想の芽を摘んでしまうことがある。また，直接の支援策を展開しすぎると，ボランティア活動が行政の「ヒモ付き」になってしまい，住民の興味を失わせることにもなりかねない。

> 採点者の目：背景の部分で，自治体にとってのボランティアの重要性の視点が大変良い。ただし，ＮＰＯ活動との関係も重要です。

また，福祉や社会教育といった分野毎の対応から一歩踏み込み，分野の枠にとらわれず，広く伸びやかに発想し活動してもらうよう努めなければならない。

3. きっかけを作り大きく育てる

これらの課題の解決に向けて，〇市は次のような方策を展開する必要がある。

第一に，ボランティア情報を総合的に取り扱う部門を設けて，人や情報の交流を活性化する。具体的には，どこで手が不足しているかという「求人情報」と，私にはこれができるという「求職情報」を一か所に蓄積して相互の仲立ちをする。

また，ボランティアに結びつく講座・講習会の受講者には，次にどこに行ったらよいかを示して，確実にマンパワーとして地域に送り出す。

さらに，現実にこれだけ手が足りないのだという情報を率直に広報し，ボランティア参加を住民に呼びかけ，発掘に努める。

第二に，ボランティアの支援策をこれまで以上に充実する。例えば，組織運営に関するコンサルタントの派遣，団体同士の交流会等を開催する。これにより，より一層効率的な組織運営が可能となる。

また，ボランティア団体と行政との懇談会を開催し，自治体として現場の発想を吸収し，また情報を提供する場とする。

さらに，ボランティア講習を実施して各人の能力を底上げする。

第三に，自治体が支援策を展開するに際しては，行政とは別の主体として財団もしくは基金を設立し，資金面の援助をはじめとする直接の支援策はそこに一任する。

これによりボランティアの自主性と柔軟性を維持することができる。

また，ボランティア活動を広くまちづくり運動ととらえてこの基金をまちづくり全般に生かすことにより，幅の広い社会的機運の醸成につなげていく。

4. プロの職員としての力量が問われる

ボランティアは問題意識を抱えた先駆的な住民である。行政とはまた違った側面からのものの見方を持っている。

その発想を我々職員がいかに敏感に把握し施策に反映できるか。プロの行政マンとしての力量が問われていると言っても過言ではない。

我々職員は行政自身の効率化を進めながら，謙虚に周囲の声に耳を傾け，柔軟な発想で，これからの高齢社会に向けての施策を展開していかなければならない。

Q 91 住民とともに歩む行政のあり方

★

1. 社会経済状況の変化

わが国は，好調な経済基調の中でも税収の行方は予断を許さない状況である。一方，生活者の視点重視や地方分権の推進を望む潮流が，社会全般の変化を促す大きな力になっている。社会の高齢化，少子化が進行する中にあって，住民は，一定の物質的豊かさを実現したが，ゆとりや潤い，生きがいといった精神的な豊かさを求めるようになってきている。

このような社会経済状況の変化を敏感にとらえ，住民の幸福と生活の向上を図るのが，自治体の役割である。厳しい財政事情の中で，多様化する住民のニーズに対応しなければならない。そのためには，これまでの直接的なサービス供給を中心とした施策から，住民やボランティア，ＮＰＯ，企業と共同して，公共目的を達成していく方向への転換が，今まさに自治体に求められている。

2. 身近な自治体の課題と限界

○県における巨大都市○市は，これまでも行財政全般にわたる見直しや効率化に努めてきたが，まだ解決すべき問題がある。

第一に，組織が硬直的で，急激な社会変化に十分に対応しきれていないことである。従来から，縦割り組織の弊害が指摘されているように，施設や職員の管理等，行政の都合によって，市民をたらい回しにしたり，対応に時間を要したりという不手際を生じさせることがある。行政需要の変化に，全庁的に対応できる組織の見直しが求められている。

第二に，行政への住民参加やボランティア，ＮＰＯとの協力関係が，十分に図られていないことである。ボランティア等の活動を支援し，地域で醸成していくための施策が十分とはいえず，ボランティアの力を有効に生かしきれていない。

また，従来からある町会や自治会への依存が中心で，積極的な住民の参加による，地域コミュニティが形成されているとはいえない。

第三に，高齢化や少子化，女性の社会進出等により増大する，多様化，高度化した住民ニーズに応じきれていないことである。夜間巡回型ホームヘルプサービスや長時間保育等の要望に対する対応は，行政の力だけでは，限界がある。柔軟で，きめ細かいサービスが求められる一方，限られた財源や，人的資源の中での費用と効果のあり方には，おのずと制約があり，サービスを望むす

採点者の目：設問に対して，ボランティアの部分の切り口が大変良い。

べての人に，満足のいく結果をもたらすことはむずかしい。

3. 住民とともに歩む行政の確立を

これらの問題を解決して，費用対効果を最大にし，住民の多様なニーズに応えていくためには，次の施策を進めていく。

第一に，自治体が自らの組織を見直し，環境の変化に適応した責任ある執行体制を確立することである。住民が，いつでも，身近な窓口で，簡単な手続きにより，スピーディーにサービスが受けられるように窓口事務等の改善を図る。そのためには，窓口の総合化や行政のデジタル化による有効活用を進める。それとともに時代の状況に敏感に反応する職員の育成も忘れてはならない。これらのことにより，住民の利便性が増し，行政運営の質の向上が図られるのである。

第二に，住民との良好な協働関係を築くことである。ツイッター，フェイスブックなどのＳＮＳによる情報提供の多様化や，苦情処理体制の充実等を図り，住民の声を行政に反映させていく。また，地域におけるボランティアを募り，家事援助や災害弱者支援等，地域に密着した福祉サービスを推進していく。さらに，時代の流れに対応できる住民参加を促進するために，地区ごとのまちづくり協議会を設置して，地域コミュニティの復権を進めることが大切である。このことは，緊急時における，相互扶助体制の確立を可能にするのである。

第三に，民間との役割分担を進めることである。ＮＰＯや企業をより一層利用する。そのもとで，高齢者に対するケアサービスの推進や，保育の延長と充実を図る。住民の多様化したニーズに応じられるよう，公共的なサービスであっても，可能なものは，民間を活用していく。民間との連携により，行政だけでは限界のある分野でのサービスが実現できるのである。

4. 豊かな地域社会の構築をめざして

社会経済の変化を的確にとらえ，住民の高度化したニーズに応えていくためには，住民自身の生活感覚を行政に反映しながら，住民とともに歩む施策を展開していかなければならない。

自治体が住民の声を大切にしながら，住民との協働関係の確立と，民間との役割分担を有効に進めることにより，多様な需要に応えていくことができるのである。そして，それぞれの地域社会が，個性と活力を身につけて豊かに発展することは，○市全体のさらなる発展へとつながるのである。

Q 92 住民とともに歩む行政のあり方

★

1. 市民生活と地域社会

2011年3月に発生した東日本大震災は，○市政を考える上で多くの課題と教訓を残した。自治体の災害救援活動には限界があり，生活の援助など十分手が行き届かなかった。多くの被災住民にとって，生活上頼りになったのは，地域内外の自主的なボランティア活動と，自然に生まれた災害コミュニティともいうべき生活環境であった。災害対策だけでなく，高齢者や障害者らに対する在宅介護，脱炭素化への取組みにおいては，住民の自発的参加が欠かせない。○市は住民の立場に立った行政を行い，住民が地域で自主的に諸問題を考え行動できるよう努力していかなければならない。

2. 地域社会と行政の問題点

○市は，従来からより住民本位の行政を心がけてきた。しかし，住民の生活様式も多様化し，後追いになりがちな施策では住民にとって身近な存在であるとは言えない。地域においては以下の問題を抱えている。

第一に，地域への行政等の情報提供が必ずしも十分でないことである。○市はこれまで，広報や既存のメディアを利用して住民に行政や地域の情報を提供してきた。一方で，住民の生活は余暇や家庭の重視，精神的豊かさを求めるなど多様化している。これに応えるためには，即時性や双方向性のある情報提供が必要となってくる。他方，住民の多くは地域社会とのつながりが希薄であり，福祉や脱炭素化について地域ぐるみで考えていく態勢が十分であるとは言い難い。○市は行政の諸問題について，住民自らの問題であるという意識を浸透させる必要がある。

第二に，○市の計画策定において，住民の理解や参加が十分でないことである。長期計画をはじめ様々な計画の策定に関して，多くの住民が関わる機会は少ない。住民には，計画立案の背景や問題点を実感できる機会は限られている。情報公開についても，住民にとって公開の範囲が十分であるといえない。自治体は，将来にかかわる諸問題を住民自らが地域の問題として実感し得るよう，事業計画や施設建設等について住民参加の方法を検討する必要がある。

第三に，ボランティアなど，住民が自主的に市民生活を援助できる仕組みになっていないことである。震災での実例や総務省の青少年白書では，多くの住民がボランティアに高い関心を示している。災害・福祉ボランティアなどは，今後の事業充実に欠かせない人材と位置づけられる。しかし，活動の場所や経費，専門知識など，まだ整備されていない部分は多い。○市は有効な人材を育成・活用し，地域の取組みをきめ細かく支援していく態勢を早急に講じなけれ

採点者の目：採点者は何十本もの論文を読みます。いつも新鮮な素材，話題を探すように努力してください。

ばならない。

3.　住民の自主的な地域の活動と行政

様々な行政の課題に対して，住民が理解し，自主的に参加，協力するため，○市は以下の施策を進めていく必要がある。

第一に，多様なメディアを活用し，地域情報や行政情報を提供することである。住民の生活様式の多様化に対応するため，ＣＡＴＶやツイッター，フェイスブックなどのＳＮＳを利用し，従来の広報等とともにより多くの住民に多様な情報を提供していくことが大切である。また，○市は情報提供だけでなく，住民の生の意見が地域に伝わる場としての活用により，住民が抱えている様々なニーズや問題，すなわち地域の問題を明確にすることができる。住民の間に理解と共感を育み，地域の交流のきっかけをつくることができる。

第二に，○市の計画づくりに幅広く住民を参加させることである。各計画の策定段階で，一般公募などにより住民に参加の道を開く。縦割りになりがちな計画を○市が住民の立場から総合的に考える絶好の機会とすることができる。情報公開についても，個人情報に配慮の上，先進的な自治体を参考に拡大し，開かれた○市政をめざすことが行政への関心を高める。住民参加の計画案については，○市は最大限実施段階で取り込むとともに，できなかった部分については不可能な理由を明示し，住民の信頼を得ていくことが重要である。

第三に，地域のニーズに応えるため住民の自主的な取組みを支援することである。自発的な生涯学習や防災拠点の場として学校の空き教室を提供したり，育児の相談指導の場として保育園を使用するなど，○市は組織にとらわれない施設の活用により，安定した地域活動の場を提供できる。さらに，活動を継続性あるものにするため，一定の組織に補助金を支給し，地域のニーズに応えるため，専門的講習やリーダーの育成などを進めることが大切である。自治体はこれらを通じて地域内の連帯意識を醸成し，行政と連携した共生できる地域社会を築いていかなければならない。

4.　住民の意見を反映した行政執行

現在，各自治体は総力を挙げて地方分権・地方創生の推進に取り組んでいる。住民に身近に接する○市は，今，より自立した意思と政策決定が求められている。各自治体は協力し合いながらも，自治体の実状にあった特色ある施策を打ち出していくことが今後の課題である。このためには，より多くの住民の意見を行政に反映させ，○市と住民が連携した地域社会づくりをめざさなければならない。

Q 93 これからの行政と住民参加のあり方

★

1．高まる住民参加への期待

住民参加は自治体運営に住民自治を実現するための重要な手段である。

東日本大震災では多数のボランティアが活躍し，県民の高い関心を集めて，多くの投書が新聞紙上を賑わせた。住民の参加意欲の高まりは新しい時代の息吹を実感させる。一方，脱炭素化問題，高齢化対策など行政の重要課題は住民との協働無くしては解決できない。また，価値観の異なる住民間の意思疎通や利害調整，さらには地域の実情を踏まえたまちづくりを行うために住民参加は欠かせない手段となってきた。そこで，これからの○市政においては住民の「参加」のチャンネルを十分に開き，住民と共にまちづくりを進めていくことが重要課題である。

2．「参加」から始まる住民自治

○市が住民参加により住民と協働して地域の実情に合った行政運営を行うために，以下の課題を解決しなければならない。

第一に，地域の人間関係を育み，共に助け合いながら地域社会を築いていく意識を高めることが求められる。

大都市の自治体では人口流動性の高さなどから近隣との付き合いは希薄になりがちである。また，地縁共同体の中心を成す町会等は，組織の高齢化，硬直化が進み地域住民全体を包括できていない。さらに住民の関心は脱炭素化や国際協力など地域を取り巻く様々な課題に広がっているが，こうした活動に対する継続的な支援が不十分である。

第二に，○市と住民が協働して地域の課題を解決するために，政策実施段階において広範な住民の参加が求められる。

地域福祉やリサイクル活動などで多くの住民が活躍しているが，住民全体から見ればごく一部に過ぎない。また，単なる労力提供に終わっていることも多く，事業の運営方針に住民の意向を反映させたり，活動の中から見いだされた新たな課題の解決に向けて成すべきことを住民自身が検討し，提案する機会は少ない。

第三に，政策の企画段階から住民が参加するための多様なシステム作りが求められる。地域の実情を踏まえ，住民ニーズにきめ細かく対応できる政策を形成するためには，住民参加が不可欠である。既存の企画段階からの参加制度としては審議会などがあるが，参加できる住民は限られている。また，対立を避けるため形骸化し，民意の反映という本来の機能を果たし得ないケースも見ら

> 採点者の目：これからの行政と住民参加という課題でこの程度書ければ十分でしょう。最新の施策も常に入れるようにしてください。

れる。

3. 求められる住民参加のシステムづくり

○市が住民参加により，住民自治の力量を高め，住民のニーズに合った政策を展開していくためには，以下の３点に取り組んでいかなければならない。

第一に，地域の人間関係づくりのきっかけとなる場と機会を豊富に設け，住民の自主的活動を支援することにより，新たな都市コミュニティの再生を促すことである。

集会施設や公園など地域住民が集うための空間を整備し，そこで各種の講座やイベントを行う。事業の企画・運営は住民参加で行い，住民のニーズを生かすと共に住民相互の交流を図る。また，ＮＰＯなどに活動の拠点や情報を提供し，その活動を側面から支援する。

第二に，幅広い層の住民が参加できるように日常的で継続的な参加の機会を数多く設けることである。

様々な地域活動に携わる住民の意見を聞く会を積極的に開催し，その意見を事業に反映させる。会議に出席できない住民からはツイッター等のＳＮＳで意見を募集する。委嘱委員などの役職は一人の人に重複して依頼せず，人材の発掘に努め，より多くの人が経験できるようにし，個人の負担を軽減する。

第三に，住民参加のための多様な機構やルートを行政組織の中に確立することである。まず，行政情報コーナーの設置などにより情報公開制度を充実し，住民参加の前提条件を整備する。次に例えば，少子化対策・脱炭素化・公共施設の建設や運営・高齢者福祉など課題別に市民委員会を設け，施策の企画段階から住民の意向を吸収するシステムを創る。審議会や各種の計画策定委員会には公募制を取り入れる。そこでの審議のプロセスを，中間報告として広報などで公開し，ＳＮＳなどにより住民からの意見を聞く。

4. 職員の意識改革が鍵

住民参加を進めていくことは必然的に○市の政策形成過程の改革を促す。職員は住民の中に入ってその声を集め，時には調整し，施策として形にしていかなければならない。こうした手間と時間をかけ，住民とともに地域に合った施策を創っていくことが真の住民自治に不可欠であることを職員自身が自覚する必要がある。

私は，管理職員として，職員の先頭に立ち住民参加による行政の推進に努力する決意である。

Q 94 地域の活性化と身近な自治体行政

★

1. 失われつつある地域の活力

○県では居住人口の減少や人口構成の高齢化，さらに，地域の連帯意識の喪失によって，住民による地域活動の活力が失われつつある。中心市では，お祭りに住民が集まらず，地域の企業に応援を頼む事態が生じている。住民の力による地域活動が困難な地域が，現実に現れてきている。

このような地域の変化は，住民間の協力による地域の問題の解決を困難にし，各自の独自の価値観に基づいて，行政に解決を求める傾向を増大させている。今日，○市は，住民の要望にきめ細かく対応するとともに，住民自治の発展にむけて，住民の主体的な地域活動の活性化を図ることが求められている。

2. 求められる住民間の協力

地域住民が，協力して地域の問題の解決を図るために，行政は，以下の点で解決が求められている。

第一に，人口減少の著しい地域や人口構成の高齢化が急速に進んでいる地域がふえる傾向にある。

都心では，バブルの頃の地価高騰や地上げによって都心の住宅地のオフィスビル化が進行し，地域の人口が激減した。そのために，日用品を販売する商店が転出し，住民間の協力どころか日常生活にさえ支障が生じている。

一方，宅地化が進む周辺地域では，人口の増加がみられる。しかし，人口の高齢化が著しい地域があり，近い将来，防災対策等のいざという時の助け合いさえ不可能となることが予想される。

第二に，住民どうしで地域や他人に対する意見を出し合う場が，十分に設定されていない。

都市生活の良さは，他人に干渉されることなく，自己中心的に生活することができる点にある。しかし，各自が勝手な行動をとっていたのでは，自分自身が快適な都市生活を送ることが困難になる。住民が自分たちの暮らしの便利さを追求すればするほど，地域と深く関わり合い，地域に目を向けざるをえないのが現実である。

第三に，職員に，安易に前例を踏襲して行政の課題を解決しようとする意識が残っている。

地域の変化に対応した信頼される行政を実現するためには，職員が行政のプロとして地域の問題を正面から受けとめ，問題の解決のために日々創意工夫に

> 採点者の目：何十本の論文の中で競争するわけですから，他の論文が言っていない施策や視点が差をつけます。

努めなければならない。本来自治体は，職員に，住民と地域のあり方を語り合い，行動しようとする意欲を湧きたたせるものである。

3．主体的で積極的な行政実現のために

住民自治を育成し，魅力的で活力ある地域づくりを実現するためには，○市は，以下の課題に取り組まなければならない。

第一に，○市は，人口や人口構成の目標を明確にして計画的かつ総合的なまちづくりを進める。これまでの長期構想等における人口予測は，地方自治体が主体的に人口の目標や都市の規模を設定したものではなかった。

○市は，都市の経営主体として，誰にでも分かるように地域の将来像を明確にする必要がある。そのためには，人口や人口構成の目標を明確にした上で，道路や公園等の計画に加え，住宅，福祉，教育，保健等の市民生活に関わるあらゆる分野を含めた総合的計画を策定して，○市政を推進する必要がある。

第二に，○市は，まちづくり協議会等の活用により，住民が行政に参加する機会を積極的に設定する。

住民は，日常生活の中で地域や行政に多くの疑問や意見をもっている。そうした意見を忌憚なく出しあう場を○市が積極的に設定することによって，地域の問題が明確となり，住民は地域社会の重要性を認識することができる。さらに，○市が住民とともに問題の解決に努める過程を通して，住民参加による行政が実現される。

第三に，職員の行政マンとしての自覚を促し，意識改革に努める。

地域を活性化するには，職員自身が職務に意欲的で，職場に活気がなければならない。そのために，職員が住民と意見交換する場を積極的に設け，地域の問題を敏感に感じとる職員の能力を向上させる。

さらに，提案制度等の導入によって，職員のやる気を引き出し，政策立案，遂行能力の育成に努めなければならない。

4．自治権拡充は住民自治の基礎

地方自治の本来の姿は，住民と住民に最も身近な政府である○市が，協力して地域の課題を解決していくことにある。

地方分権・地方創生の時代の中で，自治体と住民がよりいっそう自治意識をもって，活力あるまちをつくっていくには，○市はこの機会を逃がさずに，自治権の拡充を実現しなければならない。

Q 95 社会経済状況の変化と自治体行政

★★

1．急がれる地域福祉の確立

わが国は，すでに人生100年の長寿の時代を迎えている。また，近年の著しい出生率の低下も影響して，高齢者の比率は，2065年頃には38.4％を超えるものと予測されている。とりわけ高齢化の速度は，他の先進国に例をみない速さである。一方，世帯規模の縮小や介護者の高齢化等により，家庭での介護能力が低下してきている。そこで行政は，介護保険実施の下で増大する高齢者の介護需要等に適切に対応できる体制を早期に確立する重要な使命を負っている。

さらに自治体にとって，好調な経済状況の中でも税収の今後は予断を許さない。このような状況の中においても，社会の変化に的確に対応し，老いも若きも，障害を持つ人も持たない人も共に地域社会の一員として，心豊かに過ごせる地域福祉の充実した社会を創造していかなければならない。

2．地域福祉を阻害する要因

誰もが，いつでも，どこでも必要とするサービスが受けられる地域社会の実現には，次のような阻害要因がある。

第一は，増大かつ多様化する福祉ニーズに対し，自治体が十分に対応できていない点である。今日，高齢者や障害者は，家族や地域とのつながりを持ったまま，住み慣れた街で自立した生活を送れるよう望んでいる。このように近年，在宅福祉サービスの需要が高まってきている。しかし，加速的に増大し，多様化する福祉ニーズに対し，行政は，財政的にも人的確保の面においても，すべてのニーズに対応していくことは不可能に近い。

第二は，街が，高齢者や障害者の立場で構築されていない点である。これまでの街づくりは，効率性や利便性を優先させ，健常者サイドで整備されており，高齢者等への配慮に欠けた面がある。段差のある歩道，駅や公共施設の階段等，高齢者達が街に出る時に苦痛や危険を伴う場合が多い。そのため，彼らの社会参加を阻む大きな要因にもなっている。また，都市化の急速な進展により，身近な緑が奪われ，高齢者達の憩う場が減少し，潤いに欠けた街となっている。

第三は，地域福祉を向上させるための行政体制が未整備な点である。

現在の行政組織は，縦割りで行われており，福祉，保健・医療，住宅等の分野別や高齢者，障害者等の対象別で専門分化している。そのため，複数のニーズを持った個々の高齢者達に対し総合的なサービスの提供ができていない。また，サービスを受ける住民の立場からみると，どこの窓口に何をもっていけばよいのか分かりにくく，手続きも煩雑なものが多い。このように，もっと住民の立場に立った行政体制を確立していく必要がある。

採点者の目：施策は常に最新のものを考えてください。

3．　地域福祉の向上をめざして

地域福祉の向上には，国や県，企業や住民の連携と共同の責任で築いていかなければならない。その中でも自治体は，総合調整者としての役割が大きく，次の施策を展開していく必要がある。

第一は，福祉サービスの量を拡大し，増大かつ多様化する福祉ニーズに対応していく。そのためには，行政サービスのみでは限界があることを踏まえて地域コミュニティの育成を図り，地域の住民がサービスの受け手に止まらず，サービスの担い手として積極的に地域に参加できるようにする。参加の一形態としてはボランティア活動がある。自治体は，この活動を円滑にするために，情報提供や連絡・仲介等を行ったり，ボランティアの人達に教育や訓練を講じる必要がある。また，ホームヘルプへの助成や企業型デイケアセンター，認知症高齢者グループホーム等の整備をより一層促進させ，地域社会ぐるみで在宅福祉を充実させていく。

第二は，潤いのある福祉のまちづくりを推進していく。

高齢者をはじめ，ハンディを持つ人にとって住みよい街は，すべての人にとって暮らしやすい街である。そのためには，歩道の段差解消や幅員の拡大，歩道橋の撤去，駅や公共施設のエレベーターの増設等を行い，高齢者や障害者が安全に生活できるよう整備する。また，彼らが，街に出る意欲を高め，社会参加ができるように，小広場や緑道の建設，水辺の整備等を進め，潤いのある街にしていく。

第三は，行政組織の縦割りを克服し，総合窓口化を図るなどヨコの連携を強化していく。そのためには，各部局の情報を共有化するシステムを構築し，サービスのしくみを組み替えて総合的なサービスを効率よく提供できるようにする。また，福祉サービスの窓口を一本化にして住民の利便を図る。さらに，福祉施設等の利用に際しては，ツイッターなどのＳＮＳを利用し，クラウド型予約システムでの受付けを取り入れたい。そして手続きの簡素化を図り住民のニーズに迅速に対応していく。さらに，出前型手続きも考える。

4．　新しい自治体行政の実現に向けて

高齢化や脱炭素化等行政を取り巻く社会の環境は大きく変化している。自治体は，この社会環境の変化に的確に対応して住民の福祉を向上させる責務がある。さらに，地方分権・地方創生が進行している中，基礎的自治体としての自立の道を歩むためには，様々な社会経済状況の変化に伴う課題に対処できる新しい体制を確立する必要がある。そのためには，○市は組織を活性化させ，政策形成の能力を一層高め，質の高い行政サービスが提供できるよう不断の努力を続けなければならない。

Q 96 これからの都市生活のあり方

★

1. 自治体を取り巻く状況

最近の自治体を取り巻く状況をみると，高齢化・少子化が一層進展している。令和○年度の出生数は，はじめて80万人を下回った。この一方で，○市内の外国人登録者数は，10年前の２倍を超える○万人近くに達している。

県民生活に関する世論調査によれば，「○県を住みにくいと感じる人」の割合が，1985年以降，それまでの減少傾向から増加傾向に転じ，この傾向は現在でも続いている。

このような状況の中，これからの自治体は，だれもが住みやすいと感じるまち，そして暮らし続けたいと思うまちを形成していかなければならない。

2. 「住みにくさ」の要因

○県を住みにくいと感じる人の割合が増加している要因としては，次の点があげられる。

第一に，コミュニティの欠如である。○県での生活は，一方で大都市ゆえの利便性や匿名性の気楽さがある。しかしその一方，帰属意識の欠如や他者への無関心も生じている。この結果，豊かな地域社会を構築するうえで不可欠の要素である，良好なコミュニティが形成されにくくなっている。

第二は，これまでのまちづくりが，どちらかというと利便性の追求に主眼がおかれており，高齢者や障害者への配慮に欠けていた点である。そのため，近年かなり改善されてきたとはいえ，歩道の段差や公共施設の階段など，高齢者や障害者が外出しにくいまちが形づくられてきてしまった。さらに，住み慣れた地域で暮らし続けたいと願う高齢者にとっては，住宅や介護の点で，必ずしも希望に添えるような環境が整備されていないのが現状である。

第三は，国際化に対する対応の遅れである。地域で暮らす外国人は増加の一途をたどっているが，彼らは，言葉の壁や文化・習慣の違いなどのため，地域の中で孤立しがちである。外国人も日本人同様，地域社会の重要な構成員である。ところが，相互のコミュニケーションがとれないがゆえの不信感や，日常生活上の様々なトラブルまでもが発生するようになってきてしまった。

3. 安心して住み続けられるまちのために

これからの自治体は，これらの問題を解決し，だれもが安心して住み続けられるまちをつくっていかなければならない。そのためには，以下の施策をさらに積極的に推進する必要がある。

第一は，良好なコミュニティの形成である。そのためにまず，世代間の交流

> **採点者の目：この課題で高齢化，国際化を論ずるのはテーマが大きく，よほどうまくまとめないと論述不足になります。**

をはかる。小・中学校の空き教室を高齢者のための施設として利用し，小・中学生と高齢者が日常的にふれ合える場とする。また，子供から高齢者まで，だれもが参加・交流できるようなイベントを実施する。このイベントの企画には，地域住民の有志を募り，参加してもらう。

さらに，地域で活動している様々なグループについての情報を収集する。そして，この情報をインターネットを通じて住民に提供するとともに，同一の問題意識をもったグループのネットワーク化を図る。このようにして既存の自治会・町会の枠を越えた，新たなコミュニティを形成していく。

第二は，高齢者や障害者などハンディキャップをもつ人々にも暮らしやすいまちをつくっていくことである。そのためにまず，歩道の段差の解消や公共施設へのスロープの設置などをさらに推し進める。また，民間施設に対しても，補助金を出してこれらの設備を奨励するとともに，優良な事業者を顕彰するなどして，まち全体のバリアフリー化を推進する。

介護の面では，ボランティアを養成し，登録したうえで，介護保険対象外の介護を希望する高齢者宅へ派遣する。また，デイケアやショートステイ，グループホーム施設を充実させる。このようにして，家族だけではなく，地域全体で高齢者を支え合える地域社会を構築していく。

第三に，外国人にも暮らしやすい地域社会を形成する。そのためにまず，地域の集会施設や社会教育施設を利用して，外国人に対する日本語教育の場を設定する。そして，この場を地域に住む日本人と外国人のコミュニケーションの場としても活用する。例えば，茶道・華道などの日本文化を紹介したり，逆に外国人にはその国の家庭料理を紹介してもらう。さらに年に一度，相互交流のためのイベントを，住民主体で実施する。

一方，自治体としては，外国語による情報誌を発行し，ホームページも作成する。又，道路標識や案内板の外国語表記を推進する。さらに，多言語放送の取り組みも行う。

4. 豊かな地域社会の構築をめざして

少子化，高齢化，脱炭素化など行政を取り巻く社会の環境は大きく変化している。これからの自治体は，以上に述べたような施策に，全力を挙げて取り組んでいかなければならない。だれもが住みやすいと感じるまち，そして，だれもが暮らし続けたいと思うまちを形成していくことが，○市の使命であり，このことによって，真に豊かな地域社会の構築という，○市政の目標が達成されるのである。

Q 97 これからの都市生活のあり方

★

1. これからの行政を取り巻く状況

○市では高齢化・少子化が進む一方，外国人登録者総数が最近10年間で２倍の○万人を超えている。こうした中で，地域ボランティア団体の数は着実に増えており，住民の地域社会への関心の高まりをうかがうことができる。

これからの行政は，これらの状況を踏まえすべての住民が共に生き生きと暮らしていけるまちづくりを構築していかなければならない。そのためには，住民に一番身近な自治体として，住民と協働してきめの細かい施策を展開していく必要がある。

2. 生き生きと暮らせるまちづくりへの課題

すべての住民が，生き生きと暮らしていけるまちづくりに向けて，行政は次の課題を克服していかなければならない。

第一に，本格的な高齢社会を迎え，増大し多様化するニーズに対し，質・量ともサービスが十分でないことである。核家族化や介護者の高齢化などにより，高齢者介護を家庭だけに託すことは困難となっている。行政は特別養護老人ホームや認知症高齢者グループホームの建設とともに，ショートステイや緊急通報システムの設置など在宅ケアにも本腰を入れている。しかし，在宅サービスの充実を図るには，マンパワーの確保が必須条件となっている。

第二に，国際化の進行の中で，外国人が不便な日常生活を余儀なくされている。言葉や生活習慣の違いなどからくる誤解から，回覧板が回されないとか，病院をたらい回しにされるケースもある。また，生活の基盤となる住まいや仕事探しも，外国人には困難が伴っている。

第三に，住民の地域社会への参加が未だ不十分なことである。地域ボランティアの参加など住民の地域活動は，地域コミュニティの活性化を促し，住み良い地域社会を築くことにつながる。しかし，参加したい住民の数が多いにもかかわらず，参加者の数はきわめて少ない。行政にとって，地域社会への参加を望んでいる住民をいかに参加に導くかが重要な課題である。

3. すべての住民が豊かに暮らせるために

これらの課題の解決に向けて，行政は次の施策を展開していかなければなら

採点者の目：解決策で福祉専門学校はもう一ひねりして，採点者がおもわずうなずくような視点や施策を示してください。

ない。

第一に，すべての高齢者が，どこにいても必要なサービスを必要な時に受けられるようにすることである。そのためには，マンパワーの確保に向けて，例えば福祉専門学校を誘致し，卒業生を地域の福祉施設や福祉関係職員として受け入れていく。また，在宅のまま適切なケアを受けられるように，地域包括支援センターや在宅サービスセンターを充実する。さらに，学校給食を小中学生達が，在宅高齢者に届ける給食サービスを行っていく。その際のコミュニケーションによって，世代を超えた交流が生まれてくることが期待される。

第二に，外国人が，一般の住民と同様に，快適な都市生活を送ることができるようにする。そのために，まず外国語の標識や案内板を整備し，しかも必ず見やすいように設置する。また，住民との誤解やトラブルを防ぐため，外国人向けのハンドブックには，日常の基本的なルールやマナーをやさしい日本語で丁寧にわかりやすく記述する。さらに，外国人向けの情報のネットワーク化を図り，住まいや就職先の情報を提供していく。そしてまた，地域に住む外国人を講師に迎え，家庭料理教室や外国語講座を開き，地域でのスキンシップを図る。

第三に，住民が地域社会に積極的に参加する生き生きとした地域社会を築くことである。多くの住民は，限られた時間の中で，手軽で自分の趣味を生かすことのできるボランティア活動への参加を望んでいる。行政は，あらゆる層の住民からボランティア参加を募り，登録する。そして，これらを調整した上で，ニーズに合わせて供給していく。その際は適切な対価とし，ボランティアに還元していく。また，ボランティア登録者には，自分が必要な時は，優先的に受けられるシステムにする。

4.　豊かなまちをめざして

豊かなまちづくりの実現に向け，行政は住民とともに，これらの施策を展開しなければならない。

そして，これからの行政は，自治体がイニシアチブを持って，住民そして事業者と協働して行政を展開することが求められている。そうすることによってはじめて，すべての住民が生き生きとした生活を送ることができる地域社会を構築できるものと確信する。

Q 98 急速に変化する人口構造と行政

★

1. 人口構造の急速な変化

医療技術の進歩により，国民の平均寿命が伸び，人口構造の急激な高齢化が進んでいる。一方，人口動態統計で合計特殊出生率が低下し続け，令和３年は1.30人で自然増減数は過去最大であり，少子化傾向は続いている。さらに，○市においては，ファミリー層の転出が増加し，少子化傾向とともに，人口の減少と急激な高齢化を加速している。

このような○市における人口構造の急激な変化は，将来に向けて地域社会の活力を損うおそれが高い。

高齢者を含むすべての住民が，充実した生活を送ることができる，活力ある地域社会の実現は，身近な自治体の最大課題である。

2. 人口構造変化の要因

自治体が，人口構造の急速な変化に対応して，活力ある地域社会を実現していく上で，以下のような問題がある。

第一に住居や街が，高齢者にとって生活しにくいことである。人は誰でも老化によって多少の障害を持ちながらも，長年住み慣れた家に住み，街で生活したいと願っている。しかし現実には，住居の段差やトイレ・風呂などの設備は，車椅子の高齢者には使いにくい。また歩道の高低や，駅や公共施設の改善も遅れている。障害のある高齢者が安心して生活できる「福祉の街づくり」が求められている。

第二に，子育てに対する不安が増えていることである。

子どもを生むことは，本来個人的な自由であり，行政の押しつけは好ましいことではない。しかし，働き続けるための保育体制が不十分であったり，核家族化による子育てに対する不安により子どもを生めない現実がある。子育て費用１人２千万円と言われるような経済的な負担が大きいことも問題となっている。子どもを育てたいと望む人が安心して子育ての出来る環境整備が懸案である。

第三はファミリー世帯が住み続けられないことである。

地価は下げ止まりし，一部都心の商業地は高止まりする中で，賃貸住宅は投資効率の良い狭い物件が中心になっている。子どもの成長したファミリー層が，より広い住居を負担可能な家賃で確保することは難しい。そのため多くの世帯が，より良い住環境を求めて効外へ行く状況がある。今，ファミリー世帯が住み続けることができる住宅政策が求められている。

採点者の目:まとまりがありますが先進的な施策も必要です。

3. 総合的な施策の推進

活力のある自治体とするためには，高齢者対策・子育て環境の整備など総合的な施策の推進が不可欠である。

第一に福祉の街づくりの推進である。高齢者が住み慣れた地域で生き生きと暮らすことができる「福祉の街づくり」が大切である。障害があっても生活できるように，段差を解消し手すりなどをつけたバリアフリー住宅の整備を進める。そのための情報提供や助成施策を充実する。

さらに住宅と同時に，街のバリアフリー化を進めることが肝要である。道路の段差を無くし歩道橋を撤去する。公共施設とともに，駅やショッピングセンター，金融機関などの生活に必要な施設の整備を，民間の協力を得ながら進める。

第二に子育てに対する支援策を充実することである。

子どもを欲しい人が，安心して子育てできる環境を整備する。保育所の建設を企業などに呼びかけるとともに，認証保育所等の増設をする。ゼロ歳児保育等の充実により，仕事と育児の両立を援助する。

また，育児経験の豊かな保育士などが，経験の無い親の育児相談に応じる。児童館の幼児向け事業を充実し，幼児期の子育てや母親同士の交流の場とするなどファミリーサポートを進める。

さらに，子育てにともなう経済的負担を軽減するために，乳幼児医療費の助成の充実などを，国や県に働きかけていくことも大切である。

第三にファミリー世帯の定住を進めることである。

親世帯の土地を利用する三世代住宅の建設を支援する。ファミリー世帯向け住宅の建設促進を広域自治体に求める。低・未利用地の地権者に対して土地の有効活用を働きかけるなど，多様な手法で住宅供給を促す。

さらに家賃補助など賃貸料の軽減策を講じることで，ファミリー世帯の定住を支援する。

4. 活力ある地域社会の実現を目指して

急激な人口構造の変化への対応は，活力ある地域社会を実現する上で緊急の課題である。

課題の解決は○市だけでできるものではないが，住民に最も身近な自治体として地域の必要としている施策を，国や広域自治体，企業などに積極的に提案し，実現を働きかけていくことが大切になる。住民に対して真に有効で実践的な解決策を提示できるのは，自治体である。

Q 99 都市景観と土木行政

1. 効率優先からやさしさへ

高速道路が走り，高層ビルが立ち並ぶ都心の中にあって，緑あふれる皇居周辺にくると何か落ち着きを覚える。自然石で積まれた城壁，水をたたえたお濠，これらは，土木構造物でありながら，『あたたかさ，やさしさ』を感じるのは，私だけではないはずである。高度成長期以降の土木構造物は，車優先の道路に見られるように，便利さや効率重視の中の快適さであり，強者の論理で造られていたことは，否めない。

平成○年度総務省調査によれば，生活環境において『心の豊かさ』を重視する人が，全体の５割を超えるようになった。土木構造物や都市施設にも，『あたたかさ，やさしさ』を備えた『心の豊かさ』への配慮が求められている。

都市基盤整備や都市施設の更新等を役割とする土木行政においても，今や『あたたかさ，やさしさ』への対応は，重要な課題である。私は，土木行政における『やさしさ』や『あたたかさ』を醸し出す，都市景観づくりを以下のように考える。

2. つめたいコンクリートジャングル

ロンドンの地下鉄は，当初窓がなかった。地下を走るのだから，窓は不要と考えるのは論理的だが，市民には極めて不評であった。同じように，コンクリートジャングルの街は，合理的だが人間にはつめたい。

身近な行政における土木行政にも，未だ次のような問題が指摘できる。

第一に，依然機能重視のあたたかみの少ない設計を行っている。土木行政は，設計基準，仕様書等が，完成されている。標準設計を行えば，誰でも機能的には，ほぼ満足したものができあがる。

しかし，それでは，商店街も通学路も住宅街も，皆同じ金太郎飴になってしまう。

第二に，行政主導の整備から脱皮していないトップダウン式整備では，住む人の心に配慮したやさしいまちづくりはむずかしい。

第三は，我が国において，都市景観整備事業は，その歴史は浅く，自治体においても精通した人材に乏しい。このため，先進事例の真似や流行を追い，城下町の風情の残された街でも，歩道は赤いタイル舗装，ショッピングプロムナードはどこでも同じようなカラー舗装等，本当にその地域の景観に合っているとは思えない事例もある。

採点者の目：わかりやすい論文になっています。

3．人と街のよい関係

歩いていて，ほっとする空間のある街。そんな人と街の関係を，プロデュースし実現するのが土木行政である。これを念頭に置き，次のように対応すべきである。

第一に，設計者は，時には，積算基準から離れてみることが必要である。何もないところから新しい発想が生まれることもある。芝生の歩道や，木のガードレールがあっても良い。天然素材や緑は，人にやさしい。

沖縄には，白い砂で舗装された道路がある。沖縄だからできるのではなく，砂で舗装しようと決め，実現させたことに意味がある。

設計者は，常に新しい視点に立ち，人間の持つ本能的なやさしさへの欲求を満たす設計を模索すべきである。

第二に，今以上に住民の参加を得た都市景観整備事業を進めなければならない。ある自治体における周辺道路整備事業は，計画段階から，地元住民，学校，障害者等の参加を得た，住民参加の進んだ事例であるが，これをさらに進めた形の，実験的アプローチを試みたい。

これは，とにかくやってみる。やってみてだめだったら次をやる，というものである。

行政は，整備箇所の道路をキャンバスとして，住民に提供する。そこに住民は，事前に検討した図面を元に白線，模型，プランター等で実際に描いてみる。その際行政は，材料や労務の提供，アドバイス等裏方に徹する。

こうしたトライアルを繰り返し，決定したものを本格整備していく。

第三に，流行を追うのではなく，原点に立ってその街の景観を考えることが必要である。担当者には，その街の歴史や文化の調査，研究等を行わせる。さらに地元知識人，文化人を交えた都市景観研究会を組織し，そのリーダーに担当者を当て，自身の動機付けを行う。

4．やさしさあふれる土木行政

土木行政は，機能最優先で整備しなければならないことが多い。

しかし，これからは，どんな構造物を造るときでも，造り手の心のやさしさが，自然に，使い手に伝わるようなものを目指さなければならない。

この心掛けが，誰もが，心の豊かさを実感できる都市景観づくりにつながっていくと考える。

私は，これらを実現できる立場におり，土木行政を担う一員としてこの命題に向かって全力を挙げて取り組んでいきたい。

Q 100 公共施設の建設と維持管理のあり方

★

1. 地球に優しいリサイクルの発想から

美しい地球環境を守り，積極的な公共施設の建設を可能にする，資源リサイクル型の維持管理が必要なのではないか。そういう視点から，後世代に『つけ』を残さないような，公共施設の建設と維持管理について，残土，建設廃棄物の処理に重点をおいて私は以下のように考えたい。

前大阪大学教授の末石先生は，『廃棄物メガネ』で見ると，人工物はいずれゴミになる，と説いている。自治体の多くの公共施設をこの『廃棄物メガネ』で見れば，これらは，ほとんどゴミ予備軍ということになる。

これは言い過ぎとしても，自治体の土木行政は，都市活動を支えるために，これらのことを念頭に置いて，公共施設の建設を進める必要がある。また同時に，地球規模での自然環境が問われている今日，建設廃棄物に対する新しい管理制度の確立も当面の緊急課題であると考える。

2. 『廃棄』の持つ問題点

廃棄物処分場を陸に求めれば，緑の自然環境を奪う。海に求めれば，水辺の潤いを失う。どちらにしても，東京のラジエーターとしての機能を失う。東京湾を半分埋立てると東京の平均気温は２度上昇すると言われる程だ。

これまで土木行政としても，建設廃棄物問題に対して，一部，再生材の利用等を行ってきている。しかし未だ，次のような大きな問題が存在する。

第一に，残土について言えば，捨てるという考えから脱皮していない。残土を単に廃棄することは，自然環境に悪影響を与えるにとどまらず，処分場の不足により運搬距離の延長をもたらす，長くなれば交通環境の悪化や排気ガスによる大気汚染，不法投棄等，二重三重の社会問題を起こすと懸念される。

第二に，施設・設備の維持管理論が旧態然としている。今日のメンテナンスは，施設の経年，過去の経験，土木技術者の視覚等に頼るところが依然として大きく，非効率的である。

例えば，道路維持において，舗装は表面の劣化が相当進んでいても，その下の路盤は十分強度が保てる場合がある。視覚に頼るのみであれば，表面の状態のみだけで，路盤まで打換える無駄を行うことになる。

第三に，再生材の使用が十分でない。これまで再生アスファルトや再生路盤材は，一部で既に使用されている。安価だが，品質や供給の安定性，施工のしやすさ等の点において新製材に比して劣る。ここにも問題がある。

> 採点者の目：「私は以下のように考えたい。」は採点者によっては，評論家的な表現と取る場合もあり，避けたい。

3．資源は有限，工夫は無限

資源の有効利用が地球を守る。英知と努力を武器として，次のように対応すべきであると私は考える。

第一に，残土等廃棄物を出さない工夫，再利用する工夫をする。公共施設建設に当たっては，一貫した廃棄物減量化作戦を展開する。

まず設計の段階から，基礎的な要領を整備し，このことに取り組むことを考えたい。例えば，歩道を整備する場合は，歩道と車道の段差を少なくすれば，掘削土量は減らすことができる。

廃材を出さずに表層を改良する，アスコンのサーフェイスリサイクリングシステムのような工法も積極的に採用していく。これで無駄を出さない。さらに徹底した工事現場間の横断的な流用調整や，都の運営する残土再利用センターとの連携も強化したい。

第二に，科学的な維持管理を確立する。経験や勘に頼るだけでなく，科学的にデータを収集分析し，効率的なメンテナンスを進める。

さらに，公共施設を，いつ，どのように改修するかを総合的に計画するシステムの開発も行いたい。そのために，維持担当部門を中心に，専門家，ベテラン技術者からなる維持管理システム開発委員会のような組織を創っていくことが非常に有効と考える。

適時，適切な維持修繕は，公共施設の寿命延伸になる。

第三に，再生材を利用しやすい環境を整備する。平成12年５月，いわゆる『建設リサイクル法』が公布されたが，この法律の適用を受けない小規模の工事にも，法律に準じた応用を考える。具体的には，工事発注に当たっては，設計図書や仕様書で明示し，少しでも再生資源の利用の促進を義務づける等である。

将来的には，民間工事にも適用できる，残土条例の整備を進めたい。

さらに，高品質な再生材を官民一体となって開発していくことも考えたい。

4．適切な維持管理は積極的な建設に通じる

土木行政は，地球環境と調和したリサイクル型社会建設のけん引車でなくてはならない。

公共施設の適切な維持管理は，地球環境を保全するばかりでなく，無駄なものを造らないことでもある。そして，このことは，本当に必要な公共施設の建設に通ずるのである。

私は，このような積極的な考えを持ち，この課題に全力で取り組んでいきたい。

Q 101 都市の環境と街づくり

★

1. 市民が守る街の環境

世界陸上が行われたドイツ，シュツットガルト市。女子マラソンの日本選手をＴＶで応援しながら，この街の美しさに目を見張った。緑と道路と家並みが見事に調和した美しい街である。

シュツットガルト市は，ガソリン車の乗り入れを規制してまで，街の環境を守っている。このようなことは，行政の一方的規制では，なかなかできるものではない。市民が，自分達の街の環境を守るという，強い意識があるからこそできるのである。

東京に，ガソリン車を全面的に規制することは無理としても，我が街を守り，より良い環境を次世代に引き継ごうとする市民の気持ちは，ドイツも東京も考えに変わりはないはずである。身近な政府における土木行政は，この気持ちを大切に，街の環境を，住民と共に築き上げていかなくてはならない。以下，私は環境と調和した街づくりについて以下のように考える。

2. 街の環境を阻害する要因

明治の頃1000km以上あった東京の川は，今，450km程度となり，そのほとんどが，下水道管に代った。快適な生活には，欠かせない下水道ではあるが，住む人に，潤いや安らぎを与えてくれた川は，半減してしまった。

身近な自治体における土木行政も近年，自然や街並み等，環境と調和した街づくりを行っているが，依然，次のような問題が指摘できる。

第一に，自然との対決姿勢が未だ強い。一部に，緩傾斜護岸や透水性舗装等，環境に配慮した整備は行っているが，一方では，雨水は素早く下流へとばかり，雨水桝から下水道へ直結させている。これでは，地下水位の低下や湧水の枯渇等環境への悪影響をもたらすどころか，街の緑の涵養にもならない。

第二に，道路整備や街づくりが一面的である。例えば，防災活動を確実に行うためには，道路を広げることは重要である。しかし，狭い路地にも，江戸っ子の歴史と文化が脈々と息づいていることもある。それを画一的な手法で整備を進めれば，どの街も没個性化した街ができてしまう。

第三に，行政主導の整備から脱皮していない。街の主人公は，住民である。従来の工事のお知らせ型に見られる，行政主導のトップダウン式整備では，住む人の声に応えた街づくりはむずかしい。

3. 自然と街と人と調和した環境創り

歩いていて，ほっとする空間のある街。土木行政は，そんな豊かな環境のあ

採点者の目：書き出しは，論文の命である。あたたかみのある良い出だしです。

る街のプロデューサーとして，私は，次のように対応すべきと考える。

第一に，自然との中心調和を考えた街づくりを進めなければならない。雨水は，天の恵みでもある。安全に排水する事も必要であるが，浸透桝，浸透トレンチの整備をまず考えたい。

また，街の自然について，住民や子ども達と話し合う機会を増やし，自然を求める声を，実際の整備に生かしていきたい。

かつて，子どもの意見に，芝生の道路がほしいというのがあったが，自然で透水効果の大きい芝生の歩道も整備してみたい。

そして，技術者自身も自然と対峙するという姿勢から，自然の恵みと優しさを利用するという姿勢へと変わる必要がある。

第二に，街並みと調和のとれた街づくりでなくてはならない。下町でも山の手でも，どこかに，その街の文化の歴史を刻んでいるはずである。狭い路地を広げ，ポケットパークを造り，不燃化を促進する場合でも，まず，その街の歴史と文化を，その街の人々と共に調査することから始めたい。

古い建物や，井戸，お地蔵様等その街の歴史を語るものを残すだけでなく，昔ここにこんなものがあったという話の中に出てくる思い出を復元することも行っていきたい。

第三に，住民と共に手づくりの街をつくる。

このほどある自治体の小さな橋が国土交通省の『手づくり郷土賞』を受賞した。これは，計画段階から住民参加で行い，住民と行政が一体となって完成させた一事例である。住む人にとって愛着の湧く街は，既製品の街ではなく，自分たちの手でつくった街である。行政は，地域にあった，オーダーメードの街づくりを住民と共に進めていく必要がある。

また，住民は，街に愛着が湧けば，街をきれいに保ちたくなるものである。そこで，日常の維持管理は，住民に任せることを考えたい。

4.　街の環境を育てるけん引車として

土木行政は過去，開発優先で環境の保全を疎かにした時代があったことは否めない。この反省に立ち，今後は，自然と街並みと人とが調和した，すばらしい環境を持つ，街をつくり，育て行く先導的役割を，住民と共に担っていかなくてはならない。私は，一つひとつ街の環境を良くしていくことは，大きな意味で，地球環境の保全にも繋がって行くという，積極的な考えを持ち続け，この課題に全力で取り組んでいきたい。